Chengshi Guidao Jiaotong Shigong Qijian
城市轨道交通施工期间
Jiaotong Shujie Fangfa ji Shijian
交通疏解方法及实践

何明卫　税文兵　杨　军　编著

人民交通出版社股份有限公司

北　京

内 容 提 要

本书在国内外城市轨道交通施工期间交通疏解相关研究成果的基础上,结合我国城市交通管理的实际情况,系统性地提出了城市轨道交通施工期间交通疏解方法,设计了城市轨道交通施工的交通影响评价流程,制定了交通疏解策略选择的技术路线,论述了交通疏解策略制订过程中的关键内容,介绍了贵阳城市轨道交通2号线一期工程施工交通疏解案例。

本书主要面向城市交通管理者和城市轨道交通疏解方案的制订者,为其提供系统的城市轨道交通施工期间交通疏解的相关技术和管理流程。同时,本书可供交通工程专业科研人员、本科生和研究生参考。

图书在版编目(CIP)数据

城市轨道交通施工期间交通疏解方法及实践/何明卫,税文兵,杨军编著.—北京:人民交通出版社股份有限公司,2020.7
ISBN 978-7-114-16371-5

Ⅰ.①城… Ⅱ.①何… ②税… ③杨… Ⅲ.①城市铁路—工程施工—影响—城市交通—交通运输管理—研究 Ⅳ.①U491.1

中国版本图书馆 CIP 数据核字(2020)第 036766 号

书　　名:	城市轨道交通施工期间交通疏解方法及实践
著 作 者:	何明卫　税文兵　杨　军
责任编辑:	司昌静
责任校对:	刘　芹
责任印制:	刘高彤
出版发行:	人民交通出版社股份有限公司
地　　址:	(100011)北京市朝阳区安定门外外馆斜街3号
网　　址:	http://www.ccpcl.com.cn
销售电话:	(010)59757973
总 经 销:	人民交通出版社股份有限公司发行部
经　　销:	各地新华书店
印　　刷:	北京盛通印刷股份有限公司
开　　本:	787×1092　1/16
印　　张:	8.75
字　　数:	201千
版　　次:	2020年7月　第1版
印　　次:	2020年7月　第1次印刷
书　　号:	ISBN 978-7-114-16371-5
定　　价:	68.00元

(有印刷、装订质量问题的图书由本公司负责调换)

前 言

发展城市轨道交通是引导城市空间发展和优化城市土地利用的重要手段,也是增加城市交通供给,实现城市交通可持续发展的重要举措。目前,我国有近60个城市开展了城市轨道交通线网规划,30多个城市开通了城市轨道交通运营线路,已成为世界上城市轨道交通发展速度最快、在建项目最多、工程投资最大的国家。

城市轨道交通线路往往穿越城市人口密集、道路交通量大、交通影响敏感的区域。同时,城市轨道交通车站、线路及附属设施的施工,经常会长时间占用本已十分紧张的城市道路交通资源,导致或进一步加重城市交通拥堵,产生交通安全隐患。因此,为了最大限度地降低施工对城市交通的影响,保障施工期间城市交通整体平稳运行,有必要对施工期间的交通疏解方法进行系统研究。

本书在国内外城市轨道交通施工期间交通疏解相关研究成果的基础上,结合我国城市交通管理的实际情况,系统性地总结了城市轨道交通施工期间的交通疏解方法,设计了城市轨道交通施工的交通影响评价流程,制定了交通疏解策略选择的技术路线,论述了交通疏解策略制订过程中的关键内容,介绍了贵阳城市轨道交通2号线一期工程施工交通疏解案例。

本书主要面向城市交通管理者和城市轨道交通疏解方案的制订者,为其提供系统的城市轨道交通施工期间交通疏解的相关技术和管理流程。同时,本书可供交通工程专业科研人员、本科生和研究生参考。

本书的出版得到了人民交通出版社股份有限公司的大力支持,他们提出了很多好的意见,在此一并致谢!

本书由昆明理工大学交通规划与管理团队集体编著。在编写的过程中参考了同行的著作和论文,以及网上的最新资料,来源较广,书中除列出主要参考文献外,其他无法一一列出,敬请谅解。书中不当之处,敬请各位读者批评指正。

作 者
2020年4月

目 录

第1章 绪论 ··· 1
1.1 我国主要城市交通运行状况 ··· 1
1.2 我国城市轨道交通发展概况 ··· 2
1.3 本书的主要内容和意义 ··· 2

方 法 篇

第2章 交通疏解策略制订时机和流程 ·· 4
2.1 交通疏解策略制订的时机 ··· 4
2.2 交通疏解策略的制订流程 ··· 7

第3章 城市轨道交通施工概述 ··· 12
3.1 城市轨道交通简介 ··· 12
3.2 城市轨道交通施工特点 ··· 15
3.3 城市轨道交通施工方法 ··· 17

第4章 城市轨道交通施工的交通影响评价 ·· 21
4.1 交通影响评价的内涵及重要性 ·· 21
4.2 交通影响评价流程 ··· 21
4.3 交通影响评价指标及计算 ·· 24

第5章 城市轨道交通施工期间交通疏解策略制订 ··· 37
5.1 交通疏解策略的内涵及必要性 ·· 37
5.2 交通疏解策略制订流程 ··· 37
5.3 交叉口交通控制优化 ·· 43
5.4 临时交通标志标线设置 ··· 50
5.5 公共交通调整 ··· 55
5.6 交通疏解策略成本评估 ··· 55

第6章 交通疏解策略宣传 ··· 57
6.1 交通疏解策略宣传的内涵及重要性 ·· 57
6.2 交通疏解策略宣传的流程 ·· 57
6.3 交通疏解策略宣传途径 ··· 60

案 例 篇

第7章 贵阳市城市及交通现状 ··· 63
   7.1 城市社会经济现状 ··· 63
   7.2 城市交通现状 ··· 65
   7.3 城市轨道交通2号线一期工程沿线土地利用 ························· 76
   7.4 城市轨道交通2号线一期工程沿线交通现状 ························· 79

第8章 贵阳市城市轨道交通2号线一期工程施工方案 ···················· 90
   8.1 白云区施工方案 ·· 90
   8.2 关山湖区施工方案 ··· 91
   8.3 老城区施工方案 ·· 92

第9章 贵阳市城市轨道交通2号线一期工程施工交通影响评价 ·········· 94
   9.1 节点交通影响评价 ··· 94
   9.2 区域交通影响评价 ·· 102

第10章 贵阳市城市轨道交通2号线一期工程施工交通疏解策略 ······· 114
   10.1 微观节点交通疏解策略 ·· 114
   10.2 宏观区域交通疏解策略 ·· 121
   10.3 与其他市政工程的协调 ·· 130

参考文献 ··· 133

第1章 绪 论

1.1 我国主要城市交通运行状况

改革开放以来,随着人民生活水平以及购买力的提高,我国主要大中城市机动车保有量逐年递增,至今已经仅次于美国,居全球第二。根据公安部交通管理局的统计,截至2018年底,全国机动车保有量达3.27亿辆,其中汽车2.4亿辆;机动车驾驶人4亿人,其中汽车驾驶人超过3.69亿人;私家车总量超过1.89亿辆,每百户家庭拥有40辆。全国有61个城市的汽车保有量超过百万辆,北京、成都、上海、重庆、苏州、郑州、深圳、西安等8个城市汽车保有量超过300万辆(见图1-1)。

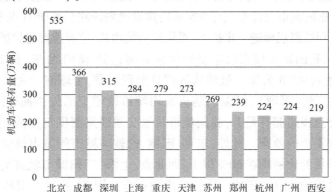

图1-1 2018年全国机动车保有量超过300万辆的城市(单位:万辆)

与此同时,我国主要大中城市的交通拥堵日益严重。根据百度地图发布的《2018年度中国主要城市交通分析报告》,在百度交通大数据监测的45个城市中,2018年有44个不同规模的城市和地区,拥堵在进一步恶化,高峰小时的城市路网平均车速只有22.61km/h(见图1-2)。

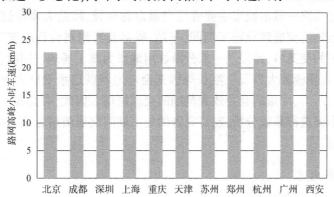

图1-2 2018年机动车保有量超过300万辆的城市路网高峰小时车速
(数据来源:百度地图《2018年度中国城市交通研究报告》)

1.2　我国城市轨道交通发展概况

大力发展运能大、速度快、噪声小、污染小的城市轨道交通系统已被国内外实践证明是解决大中城市交通问题的重要途径。我国自1965年第一条地铁(北京)开建以来,城市轨道交通在我国的发展已有50多年的历史。目前,我国已成为世界上城市轨道交通发展速度最快、在建项目最多、工程投资最大的国家。根据中国城市轨道交通协会的统计,截至2018年12月31日,我国北京、上海、广州、深圳、南京、天津、重庆、大连、沈阳、长春、成都、武汉、西安、佛山、苏州、杭州、昆明等35个城市开通城市轨道交通运营线路185条,线路长度5761.4公里。其中,拥有4条及以上运营线路、换乘站3座及以上、实现网络化运营的城市16个,占总数的45.7%。地铁运营线路4354.3公里,占75.6%;其他制式城市轨道交通运营线路长度1407.1公里,占24.4%。2018年度新增运营线路长度创历史新高,在建路线总长6374公里,同比增长14.9%,可研批复投资额累计42688.5亿元。全年累计完成客运量270亿人次,同比增长14%。共有63个城市的城市轨道交通线网规划获批(含地方政府批复的19个城市),其中,城市轨道交通线网建设规划在实施的城市共计61个,在实施的建设规划线路总长7611公里(不含已开通运营线路)。在建、规划线路规模进一步扩大,投资额持续增长,建设速度稳健提升。

"十三五"期间我国新增城市轨道交通里程数将达到5640公里,到2020年城市轨道交通里程总数将达到9000公里。虽然从运营总里程来看,全球前十大城市里我国占据了四个(北京、上海、广州、深圳),但无论是从人均城市轨道交通线路拥有量,还是从单位面积土地城市轨道交通线路拥有量看,我国城市轨道交通线路密度与纽约、伦敦、东京等国外发达城市相比仍有不小的差距。此外,东京、巴黎、伦敦等城市的城市轨道交通客运量占城市公共交通客运总量的比例均在80%以上,而北京、上海、广州城市轨道交通客运量仅占城市公共交通客运总量的40%~50%,其他城市则更低。因此,我国城市轨道交通未来仍有"黄金发展期"。

1.3　本书的主要内容和意义

城市轨道交通线路一般沿城市主要客运交通走廊布设,线路大多经过城市中心的人口密集地带。在城市轨道交通建设施工期间,车站、线路及其附属设施的施工,经常会占用城市中交通比较繁忙的交叉口、路段及一部分沿线用地作为施工场地。同时,城市轨道交通施工作业涉及范围广、规模较大以及工期长等因素会对原本就已承受巨大交通压力的主干道路交通带来更大的压力,严重的会导致大范围的交通瘫痪。因此,有必要对城市轨道交通施工期间的人流和车流进行系统分析,制订完善的施工期间交通疏解方案,保障施工期间城市交通整体运行平稳。

1.3.1　主要内容

本书以贵阳城市轨道交通2号线一期工程施工期间的交通组织为基础,综合国内外关于城市轨道交通施工期间的交通疏解相关研究成果,提出了城市轨道交通施工期间交通疏

解的框架,设计城市轨道交通施工的交通影响评价流程,制定交通疏解策略选择的技术路线,主要内容包括:

①城市轨道交通施工交通疏解策略制订的时机和流程。
②城市轨道交通施工的交通影响评价。
③城市轨道交通施工交通疏解策略的种类和选择。
④城市轨道交通施工交通疏解策略的宣传。
⑤贵阳城市轨道交通2号线一期工程施工交通疏解案例。

1.3.2 意义

2010年,公安部发布了《城市道路施工作业交通组织规范》(GA/T 900—2010),对城市道路施工作业的交通组织原则、要求、方案设计流程等进行了规定。《城市道路施工作业交通组织规范》的发布对于指导一般的城市市政项目施工作业交通组织具有一定的指导性。但是,对于如城市轨道交通这样建设周期长、施工位置敏感、交通影响大的市政项目,则稍显不足。比如,《城市道路施工作业交通组织规范》没有明确当施工位置位于城市人口高度密集的中心区域时,区域的交通影响如何进行;交通组织方案没有包含交通需求管理策略;没有明确交通组织方案的宣传如何进行等。

在实际施工中,由于施工前对城市轨道交通施工影响估计不充分,采取的交通疏解方案不完善,引起社会民众对城市轨道交通施工的不满,导致交通组织方案重新设计的案例并不少见。

本书在《城市道路施工作业交通组织规范》的基础上,针对城市轨道交通施工的特点,系统性地提出了城市轨道交通城市施工的交通影响评价和交通疏解策略制订方法,并介绍了该方法在贵阳城市轨道交通2号线一期工程中的实践情况。本书面向城市交通管理者和城市轨道交通疏解方案的制订者,可以为这两类人员提供系统的交通疏解相关技术和管理流程,帮助他们更好地完成城市轨道交通施工期间的交通疏解工作,即在确保城市轨道交通自身建设顺利展开的同时,最大限度地避免由城市轨道交通施工导致的交通瘫痪现象的出现。

方法篇

第 2 章　交通疏解策略制订时机和流程

2.1　交通疏解策略制订的时机

2.1.1　城市轨道交通规划设计的一般流程

我国城市轨道交通建设一般有线网规划、建设规划、预可行性研究、工程可行性研究、总体设计、初步设计和施工图设计七个阶段，如图 2-1 所示。每个阶段任务各不相同，具体如下。

1）线网规划

线网规划是一个城市有意向建设城市轨道交通的第一步。线网规划的上位规划是城市总体规划和综合交通规划。城市轨道交通的线路走向要符合城市的总体规划，每一条线都要确定其功能定位，一般有骨干线和次干线之分。其中，骨干线要串联起城市中重要的客流集散点，满足城市客流需求，引领城市发展。另外，还有次要线路和加密线，以及引导城市重要功能区发展的线路。

线网规划一般由规划部门或专业咨询公司来做，耗时为半年到 1 年左右。主要任务是确定城市线网规模、线网形态、系统制式、线路主要走行方向、车站布设、车辆类型、车辆段选址、联络线及工程总体投资。

2）建设规划

建设规划编制的主要目的是在一轮的建设过程中，明确远期目标和近期建设任务，以及相应的资金筹措方案，控制好城市轨道交通建设的节奏，依据城市的发展和财力情况量力而行，有序发展。

城市轨道交通建设规划编制的主要内容是：确定近期建设的线路以及线路建设的时序，线路修建的必要性，建设线路的路由、敷设方式、车站布设、车辆段选址、工程筹划、工程投资及资金筹措等。做建设规划的同时还要做好用地控制性详细规划、沿线土地利用规划、交通一体化和交通衔接规划等下位规划工作，确保能够较好地对城市轨道交通沿线用地进行控制。

3）预可行性研究

在做建设规划的同时或之后，为了把握线路整体的情况，业主一般会委托设计单位来做线路的预可行性研究，主要是研究线路的路由、功能定位、沿线现状及规划情况、工程难点及控制点研究、车辆选型、行车与运营组织、车辆段选址等。在一些地方,预可行性研究报告也可作为项目意见书上报政府。这项工作耗时为3个月到半年左右,根据实际情况,有的地方也可以没有这项工作。

```
┌─────────────────────────────────────────────────────────────┐
│                         线网规划                             │
├─────────────────────────────────────────────────────────────┤
│ · 确定城市轨道交通线网的规模、线网的形态、系统的制式、线路主要走行 │
│   向、车站布设、车辆、车辆段选址、联络线及工程总体投资         │
│ · 一般由规划部门或专业咨询公司来做,时间为半年到1年左右         │
└─────────────────────────────────────────────────────────────┘
                              ↓
┌─────────────────────────────────────────────────────────────┐
│                         建设规划                             │
├─────────────────────────────────────────────────────────────┤
│ · 确定近期建设的线路及建设时序、线路修建的必要性、建设线路的路由、敷设 │
│   方式、车站布设、车辆段选址、工程筹划、工程投资及资金筹措等方面的内容 │
│ · 可由咨询公司或者设计单位来做,时间为半年到1年左右             │
└─────────────────────────────────────────────────────────────┘
                              ↓
┌─────────────────────────────────────────────────────────────┐
│                       预可行性研究                           │
├─────────────────────────────────────────────────────────────┤
│ · 对一些近期可能建设的候选线路进行前期研究,研究内容主要是线路路由、功 │
│   能定位、沿线现状及规划情况、工程难点及控制点研究、车辆选型、行车与运 │
│   营组织、车辆段选址等                                       │
│ · 预可行性研究报告也可作为项目意见书上报政府,时间为3个月到半年左右,有 │
│   的地方没有这项工作                                         │
└─────────────────────────────────────────────────────────────┘
                              ↓
┌─────────────────────────────────────────────────────────────┐
│                       工程可行性研究                         │
├─────────────────────────────────────────────────────────────┤
│ · 线路在线网中的作用以及建设的必要性                         │
│ · 线路的起、终点,线路走向,敷设方式,车站的合理布设;运营组织模式、配 │
│   线布设、车辆的编组;对重点车站、换乘车站做相应的方案研究,确定车站规 │
│   模和占用土地情况,工程中的重难点段进行方案研究,如下穿桥梁、铁路、重 │
│   要设施等,在不良地质条件下的车站及区间工法研究;设备系统的选择及国产 │
│   化率的提高以及控制中心及车辆段的资源共享问题;项目的投资以及经济效益 │
│   等问题                                                     │
│ · 与国家政策的符合性                                         │
└─────────────────────────────────────────────────────────────┘
                              ↓
┌─────────────────────────────────────────────────────────────┐
│                         总体设计                             │
├─────────────────────────────────────────────────────────────┤
│ · 进一步稳定线路路由方案(有时在工可阶段路由方案仍无法稳定),稳定车站位 │
│   置,对重要难点、节点工程深化设计研究                       │
│ · 确定各专业系统组成和各系统之间横向技术接口                 │
│ · 划分工程单元、筹划合理工期                                 │
│ · 控制工程总投资,不超过工程可行性研究阶段投资的10%           │
└─────────────────────────────────────────────────────────────┘
                              ↓
┌─────────────────────────────────────────────────────────────┐
│                         初步设计                             │
├─────────────────────────────────────────────────────────────┤
│ · 与总体设计相比,设计更细致,方案要严格经过层层审核,出的图是正式 │
│   的归档图,要各专业会签并晒蓝图                             │
│ · 线路、行车、建筑、结构、设备系统(风、水、电)、工筹、投资、管线综合等 │
│   专业的密切配合                                             │
└─────────────────────────────────────────────────────────────┘
                              ↓
┌─────────────────────────────────────────────────────────────┐
│                        施工图设计                            │
├─────────────────────────────────────────────────────────────┤
│ · 工作的流程与初设类似                                       │
│ · 线路路由和站位都基本稳定,可能有局部调整                   │
└─────────────────────────────────────────────────────────────┘
```

图2-1 城市轨道交通规划设计的一般流程

4）工程可行性研究

工程可行性研究阶段是城市轨道交通规划设计工作的最后一环,也是设计阶段开始的依据。在建设规划被相关政府部门审批后,对每条线路单独进行工程可行性研究。该阶段工作主要有以下几方面内容：

①确定线路的功能定位和建设的必要性。这是工程可行性研究报告重要的内容,要阐述清楚线路在线网中的作用以及建设的必要。线路的功能定位决定了线路的路由、敷设方式、车辆选型及编组、运营组织形式等主要方面,同时决定了系统的整体规模和工程投资。

②论证技术可行性,主要包括线路总体布局的科学性、经济性和可实施性。线路专业需要确定线路的起、终点,线路走向,敷设方式,车站的合理布设等问题；运营专业需要确定线路的运营组织模式及配线布设、车辆的编组等问题；建筑专业需要对重点车站、换乘车站做相应的方案研究(基本稳定车站出入口、风亭的位置),确定车站规模和占用土地情况,需要上报国土资源部门审核；结构专业需要对工程中的重难点路段进行方案研究,如下穿桥梁、铁路、重要设施等,上跨重要道路、铁路,特殊结构(穿山隧道、越江隧道、特大桥等)以及在不良地质条件下的车站及区间工法研究；设备专业主要研究设备系统的选择及国产化率的提高以及控制中心及车辆段的资源共享问题；车辆专业提供车辆的选择标准等；经济专业要研究项目的投资以及经济效益等问题。

③讨论与国家政策的符合性,包括国产化、环保、节能、安全等。

5）总体设计

到了总体设计阶段,就正式开始了这条线路的设计工作。总体设计阶段要在工程可行性研究报告及政府评审意见的基础上,结合外部条件,对工程的各专业系统进行深化、研究和技术方案的比较,确定工程的规模、设计原则、标准和技术要求,经业主组织审查批准后,作为下一步编制初步设计的依据。主要任务是：

①进一步稳定线路路由方案(有时在工程可行性研究阶段路由方案仍无法稳定),稳定车站位置,对重要难点、节点工程进行深化设计研究。

②确定各专业系统组成和各系统之间横向技术接口。

③统一工程的设计原则和技术标准。

④划分工程单元,筹划合理工期。

⑤控制工程总投资。

其中,车站建筑部分需结合周边既有建筑布置和周边用地规划,以及道路交通状况和地下管线现状,对每个车站的站位及其建筑布置进行多方案比选,包括建筑总平面布置图(含出入口、风井)、各层平面及纵、横剖面设计；土建结构部分根据工程沿线的工程外部条件,沿线水文、地质情况确定区间和车站的结构形式及施工方法,每个车站、每个区间单元都应有详细论述结构形式和施工方法应有方案的技术经济比选,主要结构形式要有结构计算、结构尺寸的拟定,施工方法的选择应结合交通疏解、管线搬迁方案确定,并应重点论述各个车站的交通疏解和管线搬迁方案。

6）初步设计

与总体设计相比,初步设计要更细致,方案要严格经过层层审核,成果图是正式的归档图,要各专业会签并晒蓝图。在该阶段,线路、行车、建筑、结构、设备系统(风、水、电)、工筹、投资、管线综合等专业的配合非常重要。

7)施工图设计

到了施工图设计阶段,线路路由和站位都基本稳定,即使有调整也是局部的。工作的流程与初设近似,不过管理和出图审核更加严格,而且图纸已经具有了法律效应。

2.1.2 交通疏解策略制定时机选择

城市轨道交通线路的路由、铺设方式、车站的位置和施工方法等对城市交通的运行有重要影响。从城市轨道交通建设的一般流程来看,在建设规划阶段,就开始初步确定线路的路由和车站的布设;在总体设计阶段,明确车站的结构形式和施工方法;初步设计和施工图设计阶段对这些影响城市交通运行的因素进一步细化和稳定。因此,在城市轨道交通建设规划阶段就要开始考虑相应的交通疏解策略(见图2-2),并随着城市轨道交通线路规划设计的细化和稳定,同步修改和完善交通疏解策略,并将交通疏解的分析结果(包括交通疏解成本)反馈给相应的规划设计阶段。其中,总体设计、初步设计和施工图设计阶段的交通疏解研究是重点。当然,交通疏解策略的制订最迟不能晚于施工图设计阶段。

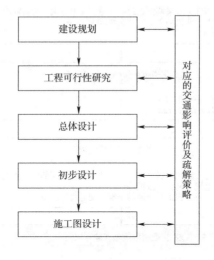

图2-2 交通疏解策略制订的时机

2.2 交通疏解策略的制订流程

城市轨道交通施工期间交通疏解策略制订流程包括现状描述与分析、交通影响评价、制订交通疏解目标、确定利益相关方、制订交通疏解策略、交通疏解策略的审查和确认、交通疏解策略的宣传、交通疏解策略的实施和监测八个步骤,如图2-3所示。需要注意的是,这八个步骤不是简单的顺序关系,而是不断循环迭代的关系。下面逐一对这八个步骤的内容进行描述。

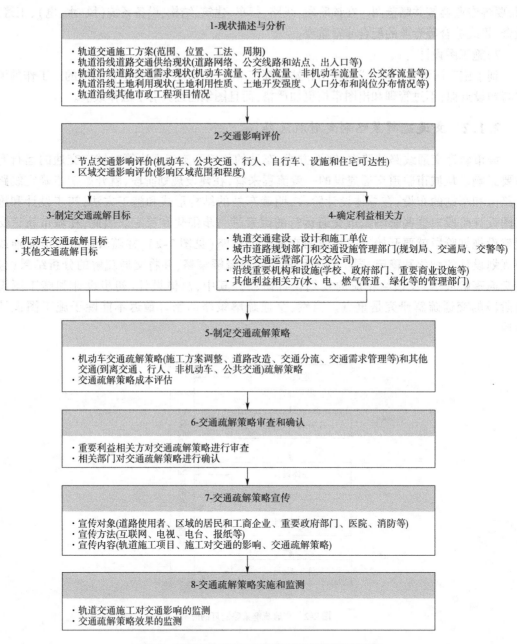

图 2-3 城市轨道交通施工期间交通疏解策略制订流程

2.2.1 现状描述与分析

现状描述与分析是进行城市轨道交通施工交通影响评价和疏解策略制订的基础,主要包括:

①城市轨道交通施工方案,如范围、位置、工法、周期、阶段等信息。

②轨道沿线道路交通供给现状,如道路网络空间拓扑结构和构成,公交线路和站点的分布,沿线办公、商业、住宅等设施的出入口位置等信息。

③轨道沿线道路交通需求现状,包括道路网络的机动车流量、路段行人和交叉口行人过街流量、自行车和电动自行车流量、重要站点和线路的公交客流量等信息。

④轨道沿线土地利用现状,包括土地利用的性质、土地开发的强度、人口和岗位的分布等信息。

⑤轨道沿线其他市政工程项目的规划建设情况。

其中,城市轨道交通施工方案信息可以从城市轨道交通规划设计单位获取;轨道沿线的交通供给、交通需求和土地利用资料主要通过实际调查获取,也可以借助相关部门(如交警)已经收集到的数据;其他市政工程项目信息需要通过相关部门获取。

2.2.2 城市轨道交通施工的交通影响评价

城市轨道交通施工对交通的影响评价是制订交通疏解目标和策略的基础,包括施工位置所在节点的交通影响评价和区域的交通影响评价。交通影响评价主要是确定影响范围内交通设施服务水平的改变程度,包括路段机动车服务水平、交叉口机动车服务水平、行人交通服务水平、自行车或电动自行车交通服务水平、公共交通服务水平以及沿线设施和住宅的交通可达性。城市轨道交通施工的交通影响评价一般需要采用定性与定量相结合的方法。在城市外围区域或支路施工的交通影响评价,以定性分析为主;在城市核心区和重要主干道施工的交通影响评价除定性分析外,还需进行定量分析。

需要注意的是,城市轨道交通施工的交通影响评价与城市建设项目的交通影响评价不同,后者是指分析和评价建设项目投入使用后新生成交通需求对周围交通系统运行的影响程度,而前者更侧重于分析和评价城市轨道交通施工导致道路交通设施的改变对周围交通系统运行的影响程度。

2.2.3 确定交通疏解目标

交通疏解目标是指采取交通疏解策略后,城市轨道交通施工影响范围内交通设施服务水平应该达到的程度。目标的确定要根据区域内交通设施现有的服务水平、城市轨道施工对交通的影响程度和可以挖掘的交通设施服务水平潜力综合设置。交通疏解的目标根据交通通行条件,可以分为最低水平的目标和较高水平的目标。最低水平的交通疏解目标是指通过交通疏解策略必须达到的,比如轨道沿线设施和住宅基本的出入条件必须得到保证,路段行人的基本通行条件和交叉口行人的过街条件必须得到保证。较高水平的交通疏解目标是指通过交通疏解策略,除了保证基本的通行条件外,还应该提供一定的交通服务水平,比如路段车辆通过时间允许增加的程度,交叉口的延误运行增加的程度。

2.2.4 确定交通疏解利益相关方

交通疏解利益相关方是指在进行城市轨道交通施工交通影响评价和制订交通疏解策略时,可能涉及的利益群体或单位。一般来讲,城市轨道交通施工涉及的利益相关方有:

①城市轨道交通建设、规划设计和施工单位。

②城市道路规划部门和交通设施管理部门,如规划局、交通局、交警等。

③公共交通运营部门,如公交公司。

④沿线重要机构和设施,如学校、政府部门、重要商业设施等。

⑤其他利益相关方,如水、电、燃气管道、绿化等的管理部门。

确定完整的交通疏解利益相关方,有利于更好地设计交通疏解方案,减少交通疏解策略实施过程中的阻力,确保交通疏解目标的达成。

2.2.5 交通疏解策略制订

为了达到交通疏解的目标,需要有相应的对策。这些对策包括城市轨道交通施工方案调整、道路和交叉口改造、交通分流、交通需求管理等。策略的选择根据交通疏解目标达成的程度来确定。交通疏解策略的制订应遵循如下原则。

城市轨道交通施工期间的交通组织方案制订时,一般应遵循如下原则。

1) 保障城市轨道交通工程顺利进行的原则

交通疏解是为了降低施工的影响,但是不能以牺牲项目本身来满足。任何交通疏解措施、交通改善措施都不可能完全彻底地解决道路施工对周边路网交通的影响问题,因此必须接受因道路建设对路网在施工期内造成的持续的影响。这就需要全社会各方面、市民和相关单位都能本着支持城市发展和道路建设的精神,在发生利益冲突的地方,全社会各方各面都能诚恳协商,妥善处理,必要时为保证工程的顺利进行,而做出应有的牺牲与让步。

2) 系统性原则

交通作为一个系统,除要保障施工节点通行外,更要从沿线道路和区域路网层面进行分流组织,使疏解方案的整体达到最优。因此,施工期间的交通组织应从城市核心区的交通供给与需求平衡被施工打破后的系统整体分析来制订疏解方案。

3) "以人为本"和"效率优先"原则

大中城市交通拥堵现象司空见惯,老城区尤其突出。城市轨道交通施工将进一步加大老城区交通拥堵的程度,施工期间无论采用何种科学合理的组织方案都不可保证交通畅通,即"不畅"。但对于刚性的出行必须满足,如日常出行、紧急情况下紧急车辆的通行,即"通"。因此,交通疏解方案应体现"以人为本"及"效率优先"的原则,优先保证公共交通通行。同时,施工期间在需封闭的道路上应预留足够空间的行人通道,尽量减少慢行交通绕行距离。

4) 稳定性与适应性相结合的原则

稳定性是指对于一些工期较长的施工点,在施工期间交通疏解方案在一定时期内应相对稳定,不应轻易更改,从而培养市民在特殊时期相对稳定的交通习惯,以保证交通组织方案的有效性。适应性原则是指项目施工期间交通疏解实施方案并不是一成不变的,应根据实际的情况、实际实施后的效果、项目的进度及时调整方案,以适应项目施工建设以及市民生产生活的需要。

5) 统筹安排原则

我国大中城市正处于快速发展的阶段,在进行城市轨道交通施工的同时,不可避免会有其他重大市政工程同步施工,如人防工程、道路改扩建工程等。施工期间交通组织方案应考虑外部条件的变化,与上述工程统筹安排。

6) 可行性原则

在方案设计时,要考虑方法的科学性和设计的精细化,必须考虑方案的综合性、可实施性和可操作性。

2.2.6　交通疏解策略的审查和确定

当交通疏解策略由相关单位制订完成后,应由城市交通管理部门组织专家和利益相关方对交通疏解策略进行审查。最后,由城市交通管理部门对交通疏解策略进行确认,为交通疏解策略的实施做好准备。

2.2.7　交通疏解策略宣传

交通疏解策略能否顺利实施,以及交通疏解的目标能否实现,离不开交通参与者的配合。因此,经城市交通管理部门确认后的交通疏解策略,应及时通过各种媒体和渠道进行宣传。

2.2.8　交通疏解策略实施和监控

交通疏解策略的实施与城市轨道交通施工同步进行,一般由城市交通管理部门来负责。有些与交通疏解策略相配套的工作,如少量的拆迁、诱导标志的制作和安装等,则需要提前进行。

在交通疏解策略实施的过程中,需要对城市轨道交通施工期间的交通影响和交通疏解策略效果进行监控。当交通影响超过事先的评估,导致既定的交通疏解策略达不到预期目标时,应对交通疏解策略进行重新评估,并及时进行调整。

第3章 城市轨道交通施工概述

3.1 城市轨道交通简介

随着社会与经济的发展,城市化已成为当今世界发展的重要趋势。在城市化进程中,不同规模及不同发展阶段的城市产生了不同的交通需求,需要通过相应的交通技术及运输工具来加以满足。从许多国际化大都市发展的实践来看,城市轨道交通以其运量大、速度快的技术优势已成为城市交通结构中不可缺少的组成部分,它较好地解决了大中城市交通日益增长的供需矛盾问题,并满足了城市化的要求。城市轨道交通随着城市化进程的深入,越来越成为城市客运交通的主体。

3.1.1 城市轨道交通系统类型

城市轨道交通为采用轨道结构进行承重和导向的车辆运输系统,设置全封闭或部分封闭的专用轨道线路,以列车或单车形式,运送相当规模客流量的公共交通方式。城市轨道交通具有节能、省地、运量大、全天候、无污染(或少污染)、安全等特点,属绿色环保交通体系,符合可持续发展的原则,特别适用于大中城市。

城市轨道交通有多种类型,如地铁、轻轨、有轨电车、跨座式独轨、磁浮列车、城际列车等。每一种类型都有其适用范围,如地铁比较适合在大城市的中心区客流密集度极高的路段建设,轻轨适合在中等客流密集度的路段建设,跨座式独轨适合在地形复杂(丘陵)的区域建设,城际列车主要应用于城市与城市之间或城镇之间,磁浮列车主要应用于对旅行速度要求较高的区域之间。

1)地铁

地铁是地下铁道的简称,是快速城市轨道交通的先驱。地铁是指车辆由电气牵引、轮轨导向、编组运行在全封闭的地下隧道内,或根据城市的具体条件,运行在地面或高架线路上的大容量快速城市轨道交通系统。地铁的造价,每公里投资3亿~6亿元,建设成本一般较高。地铁不仅具有运量大、速度快、安全、准时、节省能源、不污染环境等优点,而且可以在建筑群密集而不便于发展地面和高架城市轨道交通的地区大力发展。从发展上看,地铁已是一个历史名词,如今其内涵与外延均已有相当大的扩展,并不局限于运行在地下隧道中这一种形式,而是泛指高峰小时单向运输能力为3万~6万人,地面、高架、地下运行线路三者结合的一种大容量城市轨道交通系统。图3-1是北京地铁的地面段,图3-2是昆明地铁的高架段,图3-3是上海地铁地下段。

2)轻轨

轻轨是施加在轨道上的荷载相对于地铁较轻的一种交通系统。目前,国内外都以客运量或车辆轴重(每根轮轴传给轨道的压力)的大小来区分地铁和轻轨。轻轨现在指的是运量或车辆轴重稍小于地铁的轻型快速城市轨道交通系统。轻轨的造价每公里投资为0.6亿~1.8亿元,且施工简便,建设工期较短,可以解决客流密度不高的城市交通问题;轻轨交通建设标准也低于地铁,因而其国产化进程容易推进。轻轨是适合我国大中城市,特别是中等城市的城市轨道交通方式。图3-4是北京轻轨13号线。

图3-1 北京地铁(地面段)

图3-2 昆明地铁(高架段)

图3-3 上海地铁(地下段)

图3-4 北京轻轨13号线

3)单轨

单轨也称为独轨,是指通过单一轨道梁支撑车厢并提供导引作用而运行的城市轨道交通系统,其最大特点是车体比承载轨道要宽。单轨系统的类型主要有两种:一种是车辆跨骑在单根梁上运行的方式,称之为跨座式单轨系统(见图3-5);另一种是车辆悬挂在单根梁上运行的方式,称之为悬挂式单轨系统(见图3-6)。单轨系统适用于单向高峰小时最大断面客流量1.0万~3.0万人次的交通走廊,具有占用空间少、爬坡能力强、转弯半径小、噪声低、舒适环保等优点。但是,单轨系统道岔结构复杂,限制了列车的最短运行间隔;速度及载客量通常小于地铁系统。

图3-5 重庆跨座式单轨系统

图3-6 成都悬挂式单轨系统

4）磁悬浮铁路

磁悬浮铁路是一种新型的交通运输系统。它利用电磁系统产生的排斥力将车辆托起,使整个列车悬浮在导轨上,利用电磁力进行导向,利用直线电机将电能直接转换成推动列车前进的动能。它消除了轮轨之间的接触,无摩擦阻力,线路垂直负荷小,时速高,无污染,安全、可靠、舒适。目前,磁悬浮铁路主要包括超高速磁悬浮铁路和中低速磁悬浮铁路两类。超高速磁悬浮铁路一般采用长定子直线同步电机牵引,主要用于长大干线和城际城市轨道交通。中低速磁悬浮铁路采用短定子直线感应电机牵引,主要用于城市轨道交通和机场交通,如图3-7所示。与普通轮轨地铁相比,中低速磁悬浮铁路采用悬浮架抱轨运行,没有脱轨风险,具有安全可靠、建设周期短、建设成本低、运营管理成本低、转弯半径小、爬坡能力强、选线灵活、低碳环保、电磁辐射小等优势。目前,中低速磁悬浮样车最大运行速度达120km/h。

图3-7　长沙中低速磁悬浮铁路

5）有轨电车

现代有轨电车在传统有轨电车的基础上全面改造升级,根据车轮及轨道形式分为钢轮钢轨和胶轮路轨,客运能力0.6万~1.0万人次/h,设计速度70~80km/h,市中心运行速度约为20km/h,郊区运行速度可达30km/h。现代有轨电车系统既可承担大城市骨干公共交通网络的补充、延伸、联络、过渡等辅助功能,也可作为中小城市的骨干公共交通网络,兼具与城市景观协调、环保等特点。该制式列车采用模块化设计,便于养护维修;供电制式多样,包括架空线供电、第三轨供电(仅限钢轮钢轨)和蓄电池供电(仅限部分路段)。现代低地板有轨电车车辆入口与站台齐平,方便乘客上下车。图3-8为沈阳现代有轨电车。

图3-8　沈阳现代有轨电车

3.1.2　城市轨道交通系统的特点及适用地区

地铁、轻轨、单轨、有轨电车和磁悬浮这几类交通系统的特征及地区适用条件见表3-1。

从运量角度看,地铁属于大运量城市轨道交通系统,适用于特大和大城市的中心区域;轻轨、单轨和磁悬浮系统属于中运量城市轨道交通系统,适用于大中城市或专用线;有轨电车属于低运量城市轨道交通系统,适用于中小城市或专用线。

不同城市轨道交通系统的特征及适用性 表3-1

系统类别	特 征	优缺点及适用地区
地铁	高运量,客运能力为4.5万~7.0万人次/h,大运量的客运能力为2.5万~5.0万人次/h;平均运行速度大于35km/h,最高行车速度不小于80km/h	优点:运量大、能耗低、技术成熟。 缺点:噪声大、造价高。 适用地区:特大、大城市中心区域
轻轨	中运量,客运能力为1.0万~3.0万人次/h;平均运行速度为25~35km/h,最高行车速度不小于60km/h	优点:能耗低、技术成熟。 缺点:振动噪声大。 适用地区:大中城市
单轨	中运量,跨座式单轨客运能力为1.0万~3.0万人次/h,平均运行速度为30~35km/h;悬挂式单轨客运能力为0.8万~1.25万人次/h,平均运行速度大于20km/h,最高行车速度不小于80km/h	优点:噪声低、爬坡能力强、转弯半径小。 缺点:胶轮易老化。 适用地区:大中城市,专用线路
有轨电车	低运量,单箱或铰接式有轨电车客运能力为0.6万~1.0万人次/h,平均运行速度为15~25km/h;导轨式胶轮电车客运能力小于1.0万人次/h,最高运行速度70km/h	优点:介于城市轨道交通和公交之间,布线灵活,造价低。 缺点:噪声大,运量与路权关系大。 适用地区:中小城市,专用线路
磁悬浮	中运量,客运能力为1.5万~3.0万人次/h,高速磁悬浮列车最高行车速度约为500km/h,中低速磁悬浮列车最高行车速度为100km/h	优点:噪声小、爬坡能力强、转弯半径小,可实现全自动和无人驾驶。 缺点:胶轮易老化。 适用地区:城市机场专用线或客流相对集中的点对点线路

3.2 城市轨道交通施工特点

城市轨道交通的施工建设不同于一般的城市建筑、城市道路、市政设施建设等工程施工,具有以下六个方面的特点。

3.2.1 施工周边环境复杂,交通疏解量大

城市轨道交通建设主要是为城市居民通勤服务,大部分线路或一条线路的一部分位于城市建成区域,并且线路主要沿城市干道和客流主方向敷设。一方面由于线路常常规划于城市主干道和客流主方向线路,城市轨道交通施工线路段上交通常趋于饱和或已经达到饱和状态,在高峰时段车流平均速度小,延误大;另一方面城市土地利用开发强度与城市交通呈相辅相成、相互促进的关系,修建城市轨道交通的线路两侧,土地开发强度大,沿地铁线路两侧常设有大量的行政办公、居民居住、商业金融、文化娱乐、医疗卫生、教育科研、旅游休

闲、文物古迹等用地,土地利用开发强度大必然会吸引和发生大量的交通量。

城市轨道交通线路短则十几公里长则几十公里,一条线路全线的开工,几十个施工站点沿整个线路展开,各施工站点相互影响,甚至存在在一个城市内多条线路同时建设,以及和城市内其他工程一同建设的情况。

在城市建成区内实施规模大、工期长、占用道路资源多的城市轨道交通工程,不仅施工的周边环境复杂,而且为了最大限度地减少施工对地面交通产生的影响,交通疏解量大且复杂。

3.2.2 工程规模大,工期长且紧张

城市轨道交通工程建设主要包括车站及区间隧道的施工。车站和区间隧道的施工需进行大量的土方开挖、混凝土浇筑、管片拼装等关键过程,并且多个车站和区间同时施工时工程量大。工程量大必然会造成施工工期长,一条线路的建设时间长达5年,甚至更长。城市轨道交通工程建设是一个系统工程,每项工程施工进度都会影响下一阶段施工的进行。例如,车站的施工影响隧道的贯通,尤其是当盾构机穿越车站时,在穿越前要确保车站站台层给盾构机穿越提供条件,同时隧道的贯通也会影响轨道的铺设。

同时,工期的延长会追加工程投资,为了减少工程投资,势必会造成工期的紧张。同时,为了从时间角度减少施工对地面交通的影响,常常也会造成工期紧张。

3.2.3 施工工法多,施工工艺复杂,专业面广

线路常有十几个甚至几十个车站,每个车站周边环境、地理位置、地质结构等都不尽相同,在施工方法的选择上也各有所异。同时,一个车站常由主体结构和附属工程等组成,车站的各分部建设常采用不同的施工方法。例如,西安地铁大雁塔北站,车站主体采用明挖顺作法,部分采用盖挖顺作法;附属工程部分结构采用矿山法,出入口通道、风道和风亭等附属结构采用明挖法。

3.2.4 施工场地零散,施工组织难度较大

在一条地铁线路的全面建设中,车站施工、区间施工、竖井施工、车辆段施工等会在地铁线路上出现多个施工点,施工场地沿线路分散,每个施工点对道路资源的占用大小、时长不同,并且随着施工进度的推进,施工场地地理位置也会发生变化,施工组织难度较大。当有多个零散的施工场地时,将使地面交通的影响点增多,路段交通组织复杂化。

车站的施工将占用很大一部分的道路资源,对地面交通的影响程度也很大。为了减少车站施工对地面交通的影响,施工时常采用分期施工、分期围挡的方法。例如,西安地铁大雁塔北站施工期间形成的场地大小共有10个,五期施工中,固定两期的施工场地只有1处,其他场地使用时间均为固定一期。场地较为零散,增加了人员、机械、材料搬迁的次数,造成施工布置、组织协调难度加大。

3.2.5 安全文明施工,环保要求等级高

在城市建成区内,人、车流量大,沿线建筑物多,大规模、大范围的施工给机动车、非机动车、行人交通的安全带来影响。同时,施工带来的粉尘污染、噪声污染、污水废气污染、振动

污染，也影响城市的生态环境。因此，施工阶段不仅要保证施工的安全，还要保证经过施工围挡范围路段的人流、车流的安全，同时也要保证沿线建筑物的安全。在做到尽量不扰民的同时，减少对环境的污染。

3.2.6 突发制约因素较多

在施工过程中，突发制约因素经常出现，如地下管线问题、地质条件复杂以及各工序衔接之间的约束、天气季节变化、交通事故、政府政策、各部门协调等，都可能对施工进度造成影响。

3.3 城市轨道交通施工方法

3.3.1 施工方法种类

目前，比较通用的城市轨道交通施工方法主要有三种，分别为明挖法、暗挖法以及盖挖法。

1）明挖法

明挖法（见图3-9）是地下结构工程施工时，从地面向下分层、分段依次开挖，直至达到结构要求的尺寸和高程，然后在基坑中进行主体结构施工和防水作业，最后回填恢复地面。

明挖法施工方法相对于其他的施工方法而言，具有的优势在于：

①成本低而效率高，对投资和加快建设进度有利。

图3-9 明挖法

②明挖法具有更成熟的工艺，施工的进度快、工作面大，可以投入大量劳动力和机械，适用于各种不同的地质条件。

其缺点在于：

①对周边施工环境要求比较严格，建筑物密集、交通流量大的地段存在基坑开挖风险高、影响交通等问题。

②这类施工经常会因为噪声大给居民造成困扰。

③在施工过程中常出现位移、流沙、塌方甚至地面沉陷、周边建筑物开裂、管线爆裂等问题。

明挖法是我国城市轨道交通施工中出现较早的施工方法，适用于一些建筑高度较低，且密集程度不大的情况，对于深基坑围护技术和地面变形监控技术要求较高。车站施工时，明挖法是首选，约占85%以上。地铁区间隧道施工中，明挖法占5%~10%，随着围护结构施工水平的提高，明挖法有加大比重的发展趋势。

2）暗挖法

暗挖法就是直接从土体内部开始施工，先挖出需要的内部空间，然后在空间里直接修筑衬砌。由于城市轨道交通线路通常敷设在城市主干道路下方，地下管线布设较多，迁改成本大，且主干道路周边建筑物较多，明挖法施工条件不满足，因此，城市轨道交通区间线路的施工通常会采用暗挖法来进行。暗挖法的主要优点就是整个施工工程均在地下进行，对地上交通秩序影响较小；缺点则是施工成本较高，存在一定的施工风险，尤其遇到一些特殊地质的道路时需要提前进行大量的准备工作，并且暗挖法施工的工期也比明挖法长很多。暗挖法施工主要有浅埋暗挖法以及盾构法两种。

(1) 浅埋暗挖法

浅埋暗挖法(见图3-10)适用于松散土质条件下的卵石层、黏土层、砂层等。在修筑隧道时，地面的沉降量通常很小，而且这种施工方法对环境的污染较小，不干扰地面交通，并且施工前的准备工作较为简便，因此在符合其施工条件时，该方法被广泛使用。

(2) 盾构法

图3-10 浅埋暗挖法

盾构法(见图3-11)主要是依靠大型盾构机前部的钻探机械对地下岩层进行挖掘，盾构机本身还集成了排土、拼装以及推进等多个作业。盾构法施工的优点在于施工时所需要的人力较少，工作精度较高，稳定性及防水性好，对地上交通影响较小等。其缺点在于投资成本较高，且施工时具有一定的危险，并且推进速度较慢。

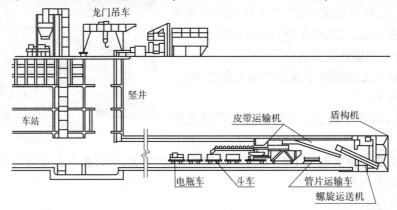

图3-11 盾构法

盾构法施工前还需要做相应的准备工作，例如，在放入盾构机之前必须先进行盾构井的施工，施工完成后才将盾构机安装到盾构井内进而展开相应的作业，因此，盾构法施工对地上交通虽然影响较小，但是前期盾构井的施工还是会对交通产生影响。

目前，我国大部分地铁修建采用的都是盾构法。盾构法是目前最先进的地铁施工技术，适用于城市软地层、深埋隧道。在地铁区间隧道施工中，施工方法首选盾构法，占隧道施工80%以上。

3) 盖挖法

盖挖法(见图3-12)是由地面向下开挖至一定深度后，将顶部封闭，其余的下部工程在封闭的顶盖下进行。根据施工步骤和进度不同，盖挖法被划分成盖挖顺作法、盖挖逆作法、盖挖半逆作法三类。

图3-12 盖挖法

(1) 盖挖顺作法

盖挖顺作法具体施工步骤为:在要开挖的基坑内打下支撑桩—在支撑桩上方架设钢板并铺设临时道路—临时道路铺设完毕后在钢板下方进行开挖—架设支撑结构—按照从下到上的顺序对主体结构进行施工—防水措施作业—顶部回填土作业—拆除临时钢板恢复路面。

(2) 盖挖逆作法

盖挖逆作法适用的场地通常为开挖面积较大的区域,并且当施工区域周边建筑物密集时,施工时有可能造成周边建筑发生沉降就会用到盖挖逆作法。它与盖挖顺作法的区别在于对主体结构进行施工的顺序,具体为:在要开挖的基坑内打下支撑桩—在支撑桩上方架设钢板并铺设临时道路—临时道路铺设完毕后在钢板下方进行开挖—架设支撑结构—按照从上到下的顺序对主体结构进行施工—防水设施作业—顶部回填土作业—拆除临时钢板恢复路面。

(3) 盖挖半逆作法

盖挖半逆作法与盖挖逆作法的区别在于打下支撑桩架设钢板并铺设临时路面以后的工作顺序。盖挖逆作法为开挖一层施工一层,而盖挖半逆作法则是直接挖土至底板设计高程,之后由下至上进行浇注、施工作业。

3.3.2 施工方法对比与选择

1) 三种施工方法的比较

明挖法、暗挖法以及盖挖法都有其优势与劣势,综合对比分析如下:

①适用范围:明挖法与盖挖法的适用场地周边有条件进行交通组织,并且地下管线的迁改量较小;而暗挖法则适用于路面交通量大,施工期间很难进行交通组织的场地。

②临时占道要求:明挖法需要占用的道路资源较多;盖挖法在中后期可以铺设临时道路,因此占用道路资源较少;暗挖法前期挖盾构井时会占用一定的道路资源,施工期间不占用道路资源。

③造成的交通影响程度:明挖法造成的交通影响很大,盖挖法较前者略小,暗挖法最小。

④施工工期:明挖法与盖挖法施工所需要的施工工期都比较短,暗挖法施工工期较前两者略长。

不同施工方法进度对比表见表3-2。

不同施工方法进度对比表　　　　　表3-2

施工方法	施工主体	施工进度	备注
明挖法	车站	18~24个月	双线
	区间	140~160m/月段	
暗挖法	车站	22~28个月	单机掘进
	区间	250m/面月	
盖挖法	车站	20~26个月	单线
	区间	45m/面月	

2)城市轨道交通车站主体施工方法的选择

城市轨道交通车站主体的建设工程是整个城市轨道交通建设工程的重点,无论从工程投资、施工工期还是施工难易程度哪个方面来讲,都需要做详尽的研究。通常城市轨道交通车站施工方法的选择主要从以下几个方面考虑:

(1)施工场地的水文地质情况

不同的施工方法对施工区域的岩层、土质以及地下水状况有不同的要求,为了避免在施工期间发生事故,施工方法的选择必须与施工区域内的水文地质相符合。

(2)施工场地周边的自然及人文环境情况

施工前要做好区域周边的自然环境和人文环境的调研,尽量选取对周边环境影响最小的施工方法进行作业。

(3)施工场地周边交通设施及路网的规划情况

根据城市的总体规划以及交通规划,研究施工场地周边是否有在建或规划即将开建的道路,这样在选择施工方法后可以更好地制订出与之相对应的交通组织方案。

3)城市轨道交通区间工程施工方法的选择

由于城市轨道交通区间施工的范围通常是在城市主干道路的下方,因此道路路面的状况对区间施工方法的选择有着很大的制约性。另外,由于区间作业的距离较长,区域内水文地质的考察,作业区周边建筑物的防沉降保护,作业时施工机械的选择也应当与施工方法的选择一并考虑。除选择地面线、明挖、高架线外,其余区间隧道的施工方法可在浅埋暗挖和盾构法之间进行选择。区间隧道施工方法选择的原则是:在有条件采用盾构法的前提下,优先选择盾构法施工;异形断面结构,如渡线段结构、存车线段结构、联络线段结构、横通道结构等一般采用浅埋暗挖法施工。

第4章　城市轨道交通施工的交通影响评价

4.1　交通影响评价的内涵及重要性

4.1.1　交通影响评价的内涵

在城市内部进行城市轨道交通施工时,施工导致道路交通设施的改变会使施工区域周边交通供给水平下降,各类交通服务水平降低。城市轨道交通施工的交通影响评价指的是在城市轨道交通正式施工之前,分析城市轨道交通施工对周边区域交通服务水平的影响程度及范围,为制订交通疏解目标和策略提供依据。

根据交通影响的范围,城市轨道交通施工的交通影响评价可以分为节点交通影响评价和区域交通影响评价。其中,节点交通影响评价包括以施工位置周边区域为起讫点的到离交通影响评价和通过性交通影响评价。区域交通影响评价一般要通过交通模拟的方式确定。

4.1.2　交通影响评价的重要性

城市轨道交通施工的交通影响评价具有以下重要意义:

①通过交通影响评价,可以系统掌握施工区域周边的交通供给水平和交通需求水平,为合理制订交通疏解目标提供依据。

②通过交通影响评价,可以深刻地理解和确定城市轨道交通施工对交通设施服务水平的影响范围和程度,结合交通疏解的目标,为制订交通疏解策略提供依据。

③通过交通影响评价,可以从交通的角度对城市轨道交通施工方案进行审核,为施工方案的优化调整提供依据。

4.2　交通影响评价流程

城市轨道交通施工的交通影响评价主要包括三方面的内容:一是根据轨道线路所经过的城市区域和道路功能对轨道沿线区域和道路进行划分;二是按照不同的交通类型,进行微观节点交通影响评价;三是对在城市重要区域和重要道路的施工位置进行区域交通影响评价。城市轨道交通施工的交通影响评价的流程如图4-1所示。

4.2.1　城市轨道交通沿线区域和道路划分

不同区域和道路的城市轨道交通施工对交通的影响是不相同的。在人口岗位密集的区域和承担功能较多的道路施工,对交通的影响远大于在人口岗位较少和承担功能较少的道路施工,交通影响评价的内容和方法也有差异。因此,在进行城市轨道交通施工对交通的影响评价时,首先要对轨道线路所在的区域和道路进行功能划分。

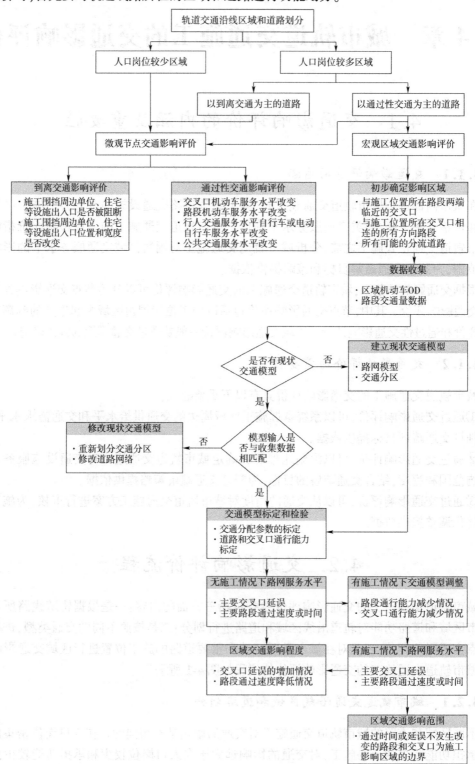

图 4-1 城市轨道交通施工的交通影响评价流程

根据城市轨道交通沿线区域的人口、岗位密集程度,可以将区域分为人口、岗位集中区和非集中区。城市的老城区、核心区、CBD地区等都属于人口、岗位集中区,城市的郊区、开发区、发展还不成熟的新城区等都属于人口岗位非集中区。

轨道沿线道路根据承担的交通功能可分为两类:以到离交通为主的道路和以通过性交通为主的道路。所谓到离交通是指起讫点在道路沿线附近区域的交通,承担这类交通的道路主要是支路和次干道。以到离交通为主的道路交通流量较小、速度较慢,主要用于城市内社区间,起联系和集散作用,一般以单幅路或双幅路为主。通过性交通是指起讫点都不在道路沿线附近区域内的交通,承担这类交通的道路包括快速路、主干道和部分次干道。以通过性交通为主的道路要满足大量的交通流需求,速度较快,交通量大,交通流之间没有或很少有干扰,主要联系城市的主要片区、港口、机场和车站等,承担着城市主要的交通任务,一般是四幅路或三幅路。

对于人口、岗位非集中区,一般只需进行微观节点交通影响评价;对于人口、岗位集中区,当施工所在道路承担交通功能以通过性交通为主时,既要进行微观节点交通影响评价,又要进行宏观区域交通影响评价。

4.2.2 微观节点交通影响评价

在对轨道沿线区域和道路进行划分后,就可开始进行交通影响评价了。交通影响评价包括微观节点交通影响评价和区域宏观交通影响评价。微观节点交通影响评价是指当不采取任何交通疏解策略时,城市轨道交通施工对通过施工位置的各类交通服务水平的影响评估,包括到离交通影响评价和通过性交通影响评价。

对于微观节点的到离交通影响评价,主要是评估城市轨道交通的施工围挡是否影响了沿线住宅、商业等设施使用者的正常出入,包括出入口是否被围挡阻断,出入口的位置和宽度是否改变等。对于微观节点的通过性交通影响评价主要包括:

①交叉口机动车服务水平在施工前后的改变。
②路段机动车服务水平在施工前后的改变。
③行人交通服务水平在施工前后的改变。
④自行车(包括电动自行车)交通服务水平在施工前后的改变。
⑤公共交通服务水平在施工前后的改变。

其中,机动车服务水平在施工前后的改变是评估的重点。

4.2.3 宏观区域交通影响评价

城市人口、岗位密集区域的以通过性交通为主的道路,往往也是城市早晚高峰比较拥堵的地方。在这些位置进行城市轨道交通施工,会极大地加重交通拥堵。交通拥堵状态的上下游传播,使得城市轨道交通施工的影响从微观节点传递到区域。比如,在施工位置前后的交叉口或路段,原本不拥堵的可能变得拥堵,轻微拥堵的可能变为极度拥堵。另外,道路使用者的主动路径选择行为也会使城市轨道交通施工的影响区域化。

城市轨道交通施工的宏观区域交通影响评价的目标是确定影响范围和影响程度,一般需要通过建立区域交通影响评价模型才能完成评估。区域交通影响评价模型的建立与城市的现状交通需求模型的建立类似,主要的步骤包括交通小区划分、路网模型建立、OD 数据准备、交通分配、模型参数标定等。

4.3 交通影响评价指标及计算

4.3.1 路段机动车交通影响评价指标

城市轨道交通施工围挡在城市路段上分为两种情况:完全占道施工和部分占道施工,如图 4-2 和图 4-3 所示。显然,无论哪种情况下的占道施工都会对过往的机动车交通产生影响。评价城市轨道交通施工对路段机动车交通影响的指标有路段通行能力、交通量与通行能力比、平均行程速度等。

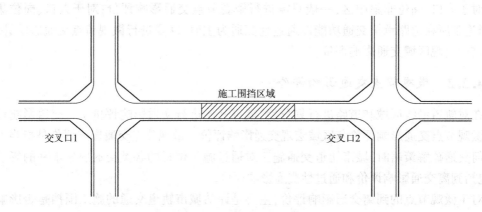

图 4-2 完全占道施工示意图

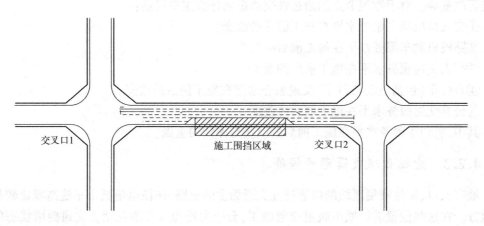

图 4-3 部分占道施工示意图

1) 路段通行能力

城市道路路段通行能力分为基本通行能力和可能通行能力。

(1) 基本通行能力

基本通行能力是指道路和交通都处于理想条件下,由技术性能相同的一种标准车,以最小的车头间距连续行驶的理想交通流,在单位时间内通过道路断面的最大车辆数。理想的道路条件主要是指车道宽度不小于 3.65m,路旁的侧向净距不小于 1.75m;理想的交通条件是指车辆组成为单一的标准车,在一条车道上以相同的速度连续不断地行驶,各车辆之间保持与车速相适应的最小车头间隔,且无任何方向的干扰。

路段上一条车道的基本通行能力,可按车头间距和车头时距两种方法计算,其计算公式为

$$C_0 = 3600/h_t \tag{4-1}$$

$$C_0 = 1000v/L \tag{4-2}$$

式中：C_0——一条机动车道的路段基本通行能力,veh/h;

h_t——饱和连续车流的平均车头时距,s;

v——行驶速度,km/h;

L——连续车流的车头间距,m。

连续车流条件下的车头间距可按下式计算：

$$L = L_0 + L_1 + U + Iv^2 \tag{4-3}$$

式中：L_0——停车时的车辆安全车间距,m;

L_1——车辆的车身长度,m;

v——行驶速度,km/h;

I——与车重、路段阻力系数、黏着系数及坡度相关的系数;

U——驾驶员在反应时间内车辆行驶的距离,m,$U = v \times T, T = 1.25s$ 左右。

根据《城市道路工程设计规范(2016 年版)》(CJJ 37—2012),一条车道的基本通行能力可按表 4-1 取值。

一条车道基本通行能力 表 4-1

v(km/h)	60	50	40	30	20
C_0(pcu/h)	1730	1690	1640	1550	1380

注：表中 v 为计算行车速度。

多车道的基本通行能力可按下式计算：

$$C = nC_0 \tag{4-4}$$

式中：n——车道数;

C——n 条车道的路段基本通行能力;

C_0——一条机动车道的路段基本通行能力。

(2) 可能通行能力

城市轨道交通在路段施工时的可能通行能力可根据下式计算：

$$C_\text{施} = C \times f_\text{HV} \times f_\text{L} \times f_\text{V} \times f_\text{Z} \times f_\text{W} \times f_\text{C} \tag{4-5}$$

式中：$C_\text{施}$——城市轨道交通施工期路段的可能通行能力;

C——路段的基本通行能力;

f_{HV}——城市轨道交通施工期间机动车道大型车修正系数,$f_{HV} = -0.0048x + 0.986$,$x$ 为大型车比例;

f_L——城市轨道交通施工作业区长度修正系数,$f_L = 1 - 0.012(L - 0.2)$,L 为作业区长度;

f_V——城市轨道交通施工作业区限速修正系数;

f_Z——城市轨道交通施工作业区自行车影响修正系数;

f_W——城市轨道交通施工作业区车道宽度修正系数;

f_C——城市轨道交通施工作业区交叉口影响修正系数。

其中,自行车影响修正系数 f_Z 的确定方法如下:

①机动车道与非机动车道之间有分隔带(墩),$f_Z = 1$。

②机动车道与非机动车道之间无分隔带(墩),但自行车道负荷不饱和,$f_Z = 0.8$。

车道宽影响修正系数 f_W 的确定方法如下:

$$\begin{cases} f_w = 50(W_0 - 1.5)(\%) & (W_0 \leqslant 3.5\text{m}) \\ f_w = -54 + 188 W_0 - \dfrac{16 W_0^2}{3(\%)} & (W_0 > 3.5\text{m}) \end{cases} \quad (4-6)$$

式中:W_0——一条机动车道宽度。

交叉口影响修正系数 f_c 的确定方法如下:

$$\begin{cases} f_c = c_0 & (S \leqslant 200\text{m}) \\ f_c = c_0(0.0013S + 0.73) & (S > 200\text{m}) \end{cases} \quad (4-7)$$

式中:S——交叉口间距;

c_0——绿信比。

2)交通量与通行能力比

交通量与通行能力比(V/C)是城市道路路段服务水平的重要测度指标,它等于路段交通量与通行能力的比值。根据不同的 V/C 比,有不同的服务水平划分,见表4-2。

基于 V/C 的城市道路路段服务水平划分 表4-2

服务水平	A	B	C	D	E	F
V/C	<0.4	0.4~0.6	0.6~0.75	0.75~0.9	0.9~1.0	>1.0

注:

A——畅通车流,基本无延误。

B——稳定车流,有少量延误。

C——稳定车流,有一定延误,驾驶员可以接受。

D——接近不稳定车流,但有较大延误,驾驶员还能忍受。

E——不稳定车流,交通拥挤,延误较大,驾驶员无法接受。

F——强制车流,交通严重阻塞,车流时停时开。

从国内外对城市道路服务水平的划分标准看,C级标准为稳定状态下的标准,D级为稳定状态的底线,E级已进入不稳定状态。因此,可将路段的服务水平分为三等:畅通、稳定和拥堵。畅通表示服务水平小于0.6,稳定表示服务水平为0.6~0.9,拥挤表示服务水平大于0.9。

3)平均行程速度

平均行程速度是用城市轨道交通施工位置所在路段的长度除以车辆通过该路段的平均行程时间计算,计算公式如下:

$$S_A = \frac{3600L}{T_R} \tag{4-8}$$

式中:S_A——路段上直行车辆的平均行程速度,km/h;

L——路段长度,km;

T_R——车辆在路段上的行驶时间,s。

平均行程速度也是城市道路路段服务水平的重要测度指标。美国《道路通行能力手册》基于平均行程速度将不同城市道路路段服务水平划分为 6 个等级,见表 4-3。

基于平均行程速度的城市道路路段服务水平分级   表 4-3

城市道路等级	Ⅰ	Ⅱ	Ⅲ	Ⅳ
自由流速度范围(km/h)	90~70	70~55	55~50	50~40
典型自由流速度(km/h)	80	65	55	45
服务水平	平均行程速度(km/h)			
A	>72	>59	>50	>41
B	>56~72	>46~59	>39~50	>32~41
C	>40~56	>33~46	>28~39	>23~32
D	>32~40	>26~33	>22~28	>18~23
E	>26~32	>21~26	>17~22	>14~18
F	≤26	≤21	≤17	≤14

注:

A——以平均行程速度运行的自由流状况,该平均行程速度通常是相应街道自由流速度的 90%。交通流中车辆的机动性完全不受阻碍。

B——以平均行程速度运行的合理的无阻碍状况,该平均行程速度通常是相应街道自由流速度的 70%。交通流中车辆的机动性仅仅受到轻微限制。

C——稳定运行状况,与 B 级服务水平相比,车辆在街道中部的机动性能和换车道能力可能受到较大的限制,形成更长的排队或不利的信号协调,或者两者共同导致车辆平均行程速度低至相应街道自由流速度的 50%。

D——接近交通流量稍有增加、延误会明显增大、行程速度大幅下降的范围,平均行程速度大约是自由流速度的 40%。

E——延误显著、平均行程速度仅为自由流速度的 33% 或更低。

F——街道上交通流速度非常低,平均行程速度通常是自由流速度的 1/4~1/3。

4.3.2 交叉口机动车交通影响评价指标

1)城市轨道交通施工对交叉口的影响

当城市轨道交通施工位置位于交叉口附近时,对交叉口的影响主要表现为交叉口进出口道数量和交叉口形式的改变。

(1) 交叉口进出口道数量改变

交叉口进出口道数量改变包括交叉口完全封闭和交叉口进出口道减少两种情况。

①交叉口完全封闭。交叉口完全封闭即进出口道被完全占用,如图 4-4 所示。这种情况对交通的影响最大,主要表现为:道路交叉口完全封闭,途经的交通流全部绕行,增加周围平行道路的交通压力;居民过街不能正常通行;交叉口停靠站的公交车线路调整,给居民带来不便;占道施工需重新设置交叉口的交通设施,给乘客以及驾驶员造成困扰;施工占道造成占道区交通小区停车场车辆出入不便。所以,此种情况对交通的影响较大,项目施工时需慎重考虑。

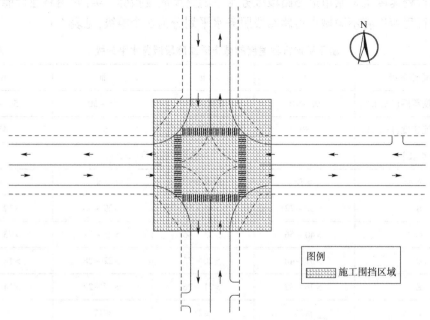

图 4-4 城市轨道交通施工导致交叉口完全封闭示意图

②交叉口进出口道减少。交叉口进出口道减少如图 4-5 所示。这种情况对交通的影响较大,表现为:交叉口进出口道半幅路被占用,车道数减少,形成交通瓶颈。施工占道造成占道区交通小区居民出行不便:居民过街不能正常通行;施工占道造成原有的公交站点改变,迁至较远站点或取消该站点,影响居民出行;施工区域大型车辆较多,机械轰鸣,对周围居民生活影响较大。

(2) 交叉口形式改变

交叉口进出口道数量的改变使得交叉口的形式发生较大变化,对交叉口的交通控制、通行能力和服务水平都有重要的影响。交叉口形式的改变主要有如下五种情况。

①"十"字形交叉口变"T"字形交叉口。当标准的"十"字形交叉口某一个进出口方向被城市轨道交通施工围挡完全封闭时,交叉口就变为"T"字形交叉口,如图 4-6 所示。

②"十"字形对称交叉口变"十"字形非对称交叉口。标准的"十"字形交叉口同向的进出口道数一般是相同的,当施工围挡占用部分车道时,导致同向的进出口道数不相同,使得"十"字形对称交叉口变成"十"字形非对称交叉口,如图 4-7 所示。

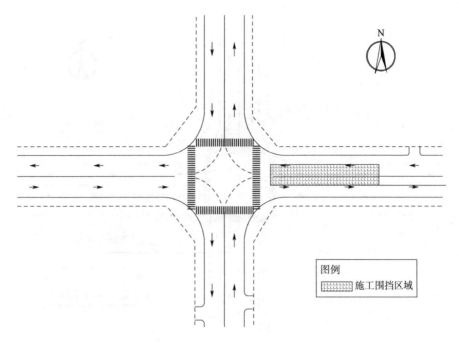

图 4-5　城市轨道交通施工导致交叉口进出口道被部分占用示意图

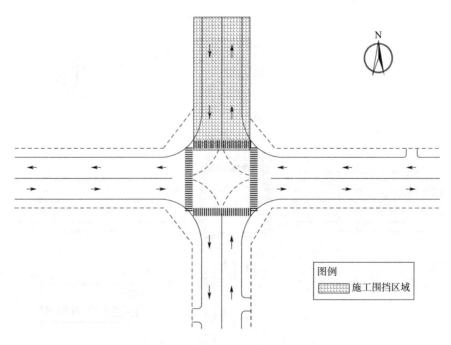

图 4-6　"十"字形交叉口变"T"字形交叉口

③"十"字形交叉口变"L"形称交叉口。当标准的"十"字形交叉口某两个相互垂直的进出口方向被城市轨道交通施工围挡完全封闭时，交叉口就变为"L"形交叉口，如图 4-8 所示。

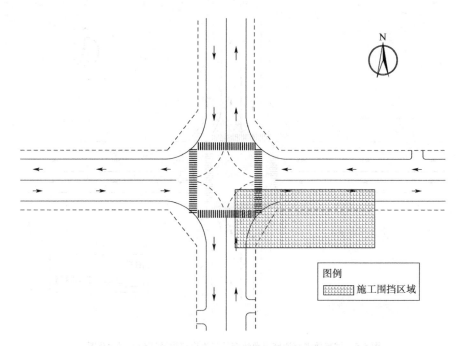

图 4-7 "十"字形对称交叉口变"十"字形非对称交叉口

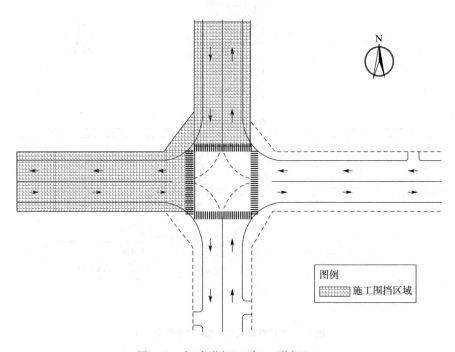

图 4-8 "十"字形交叉口变"L"形交叉口

④"十"字形交叉口变"环"形交叉口。当施工围挡区域在交叉口中心时,"十"字形交叉口变为"环"形交叉口,如图 4-9 所示。

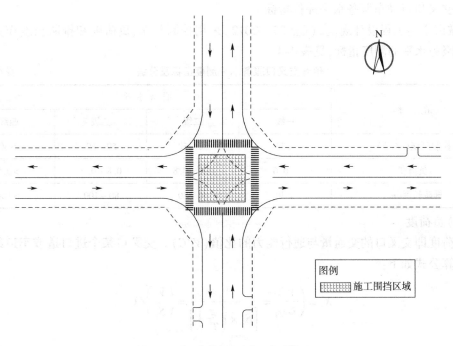

图4-9 "十"字形交叉口变"环"形交叉口

⑤"十"字形交叉口变直行道路。当标准的"十"字形交叉口同向的两个进出口道被完全占用时,"十"字形交叉口变直行道路,如图4-10所示。

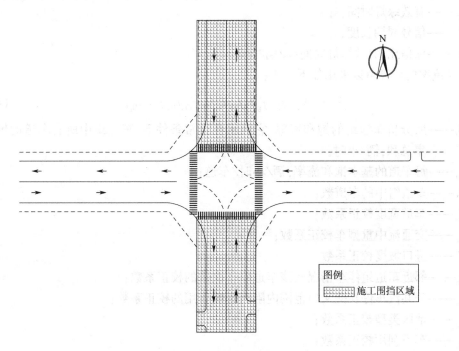

图4-10 "十"字形交叉口变为直行道路

当然,在实际当中经常遇到的是上述五种情况的组合。

2) 交叉口机动车服务水平评价指标

《城市道路工程设计规范》(CJJ 37—2012)采用控制延误、负荷度和排队长度作为信号交叉口服务水平的测度指标,见表4-4。

信号交叉口服务水平测度指标及分级　　　　　表4-4

指　标	服　务　水　平			
	一级	二级	三级	四级
控制延误(s/veh)	<30	30~50	50~60	>60
负荷度	<0.6	0.6~0.8	0.8~0.9	>0.9
排队长度(m)	<30	30~80	80~100	>100

(1) 负荷度

负荷度即交叉口的交通量与通行能力的比值(V/C)。交叉口某个进口道或车道组的负荷度计算公式如下:

$$X_i = \left(\frac{V}{C}\right)_i = \frac{V_i}{\left[S_i \times \left(\frac{g}{T_c}\right)_i\right]} = \left(\frac{V_i}{S_i}\right)/\lambda_i \tag{4-9}$$

式中: X_i——第 i 个车道或车道组的负荷度;

V_i——第 i 个车道或车道组的交通量;

S_i——第 i 个车道或车道组的饱和流率,辆/绿灯小时;

g——有效绿灯时间,s;

T_c——信号周期长度,s;

λ_i——绿信比,有效绿灯时间/周期时间。

饱和流率的计算可以采用如下公式:

$$S_i = s_0 N f_w f_{HV} f_g f_p f_{bb} f_a f_{LU} f_{LT} f_{RT} f_{LPB} f_{Rpb} \tag{4-10}$$

式中: S_i——所分析车道组的饱和流率,它表示在通常条件下,车道组中所有车道的饱和流率总和,辆/小时;

s_0——每车道的基本饱和流率,辆/小时/车道;

N——车道组中的车道数;

f_w——车道宽度校正系数;

f_{HV}——交通流中重型车校正系数;

f_g——进口坡度校正系数;

f_p——邻近车道组停车情况及该车道停车次数的校正系数;

f_{bb}——公共汽车停在交叉口范围内阻挡影响作用的校正系数;

f_a——地区类型校正系数;

f_{LU}——车道利用校正系数;

f_{LT}——车道组中左转车的校正系数;

f_{RT}——车道组中右转车的校正系数;

f_{LPB}——对于左转流向的行人校正系数；

f_{Rpb}——对于右转流向的行人/自行车校正系数。

（2）平均排队长度

平均排队长度（排队车辆数）是分析信号交叉口机动车服务水平的另一种测度，取决于车辆到达类型和在绿灯相位内没能通过交叉口的车辆数。信号交叉口平均排队长度可以采用如下公式估算：

$$L = \max\left\{\frac{V}{N} - \left(\frac{G}{C} \times 1900\right) + \frac{V \times C}{3600 \times N}, \frac{V \times C}{3600 \times N}\right\} \quad (4\text{-}11)$$

式中：L——平均排队长度；

V——通过交通量；

G——通过交叉口的持续绿灯时间间隔；

C——周期长；

N——开放的车道数量；

1900——饱和流率（每车道每小时车辆数）。

（3）控制延误

控制延误包括以较低速度行驶的交通流的延误和车辆在交叉口进口停驻、在排队中移动或交叉口上游减速行驶引起的延误。在平面交叉口中，每辆车的控制延误计算公式如下：

$$d = d_1(\text{PF}) + d_2 + d_3 \quad (4\text{-}12)$$

式中：d——每辆车的交通延误，s/辆；

d_1——交叉口信号灯延误，s/辆，假设车辆均匀到达，交通流稳定，无初始排队，可用式（4-13）估算信号灯延误；

PF——联动信号灯延误修正系数，表示信号联动控制的影响，用式（4-14）计算；

d_2——交叉口排队延误，由于车辆随机到达和过饱和排队引起的延误，s/辆，其计算与分析持续时间和信号控制有关，并假设分析开始时，车道内没有排队车辆，可用式（4-15）计算；

d_3——超时排队延误，由于在分析时段开始时有排队车辆而对分析时段内所有车辆所引起的延误，s/辆，可用式（4-16）计算。

$$d_1 = \frac{0.5C\left(1 - \frac{g}{C}\right)^2}{1 - \left[\min(1, X)\frac{g}{C}\right]} \quad (4\text{-}13)$$

式中：C——信号周期长，s；

g——有效绿灯时间，s；

g/C——有效绿信比；

X——行车道上的饱和度，v/c；

$$PF = \frac{(1-P)f_{PA}}{1-\left(\dfrac{g}{C}\right)} \tag{4-14}$$

式中：P——绿灯时间到达车辆比；

f_{PA}——绿灯期间，车辆成车队到达的补充修正系数；

其他符号意义同上。

$$d_2 = 900T\left[(X-1)+\sqrt{(X-1)^2+\dfrac{8KIX}{cT}}\right] \tag{4-15}$$

式中：T——分析持续时间，s；

K——感应控制的增量延误修正；

I——按上游信号灯车辆换车道和调节的增量延误修正；

其他符号意义同前。

$$d_3 = \frac{1800Q_b(1+u)t}{cT} \tag{4-16}$$

式中：Q_b——分析时段 T 开始时的排队长度，m；

u——延误参数；

t——时段内需求大于通行能力的时间，s；

其他符号意义同上。

4.3.3 行人交通影响评价指标

行人交通是城市交通的重要组成部分。城市轨道交通施工对行人通行条件的影响主要表现为人行道被完全占用或宽度减少、人行道或人行横道被阻断、人行道和机动车道的隔离设施被取缔等。《城市道路工程设计规范》(CJJ 37—2012)采用人均占用面积、人均纵向间距、人均横向间距、步行速度和最大服务交通量来衡量人行道的服务水平，见表4-5。

人行道服务水平测度及分级　　　　　　　表4-5

指　标	服 务 水 平			
	一级	二级	三级	四级
人均占用面积(m²)	>2.0	1.2~2.0	0.5~1.2	<0.5
人均纵向间距(m)	>2.5	1.8~2.5	1.4~1.8	<1.4
人均横向间距(m)	>1.0	0.8~1.0	0.7~0.8	<0.7
步行速度(m/s)	>1.1	1.0~1.1	0.8~1.0	<0.8
最大服务交通量[人/(h·m)]	1580	2500	2940	3600

其中，步行速度、人均占用面积和最大服务交通量有一定的内在关系。根据国外的研究，当速度为 0.7m/s 或更低时，大多数行人是在拖步走，此时的人均行走空间为 0.6~0.7m²/人。在人均空间为 1.5m²/人或更低时，速度最慢的行人也要被迫减慢速度。只有人均空间大于 4.0m²/人时，才可以实现 1.8m/s 的速度。当人均空间分别为 0.6m²/人、1.5m²/人和 4.0m²/人时，分别接近通行能力、2/3 通行能力和 1/3 通行能力。

美国《道路通行能力手册》(HCM2010)综合了人均空间和步行速度，采用单位行人流率

来测度人行道的服务水平,其计算公式如下:

$$V_{\mathrm{P}} = \frac{V_{15}}{15 \times W_{\mathrm{E}}} \tag{4-17}$$

式中:V_{P}——单位行人流率,人/min/m;

V_{15}——高峰15分钟流率,人/15min;

W_{E}——人行道有效宽度,m。

人行道有效宽度指可以被行人行走有效利用的那一部分。行人会避开路缘石和路边建筑物,因此在分析行人设施时,必须扣除这一部分未被利用的空间。比如,施工区行人靠近的建筑物或靠近施工围挡就应当扣除。

需要注意的是,确保行人的通行是城市轨道交通施工交通疏解最基本的要求,因此,在实际中往往根据人行道的宽度是否满足最低要求,来判断城市轨道交通施工对行人交通的影响。根据《城市道路工程设计规范》(CJJ 37—2012),人行道的宽度最低不低于2.0m,见表4-6。

人行道最小宽度要求　　　　　　　　　　　　　　　　　　　表4-6

项　目	人行道最小宽度(m)	
	一般值	最小值
各级道路	3.0	2.0
商业或公共场所集中路段	5.0	4.0
火车站、码头附近路段	5.0	4.0
长途汽车站	4.0	3.0

4.3.4　自行车交通影响评价指标

自行车交通和行人交通同属于非机动车交通,城市轨道交通施工对自行车交通的影响也与行人交通类似,包括自行车道宽度缩减和自行车道阻断。《城市道路工程设计规范》(CJJ 37—2012)对自行车道路段和交叉口的服务水平进行了规定,见表4-7和表4-8。

自行车道路段服务水平　　　　　　　　　　　　　　　　　　　表4-7

指　标	一级(自由骑行)	二级(稳定骑行)	三级(骑行受阻)	四级(间断骑行)
骑行速度(km/h)	>20	20~15	15~10	10~5
占用道路面积(m²)	>7	7~5	5~3	<3
负荷度	<0.40	0.55~0.70	0.70~0.85	>0.85

自行车道交叉口服务水平　　　　　　　　　　　　　　　　　　　表4-8

指　标	一　级	二　级	三　级	四　级
停车延误时间(s)	<40	40~60	60~90	>90
通过交叉口骑行速度(km/h)	>13	13~9	9~6	6~4
负荷度	<0.7	0.7~0.8	0.8~0.9	>0.9
路口停车率(%)	<30	30~40	40~50	>50
占用道路面积(m²)	8~6	6~4	4~2	<2

当然,在实际当中有些城市(如山地城市)自行车交通在城市居民出行中的比例非常低,很多道路没有设置自行车专用车道,这部分内容可不用进行。

4.3.5 公共交通影响评价指标

无论城市轨道交通施工位置在路段还是交叉口,都有可能对附近区域的公共交通产生影响。对公共交通服务水平影响的评价,除从车的角度采用与机动车类似的行程速度、交叉口延误等指标外,还要从乘客的公交服务可得性角度进行评价。从乘客公交服务可得性角度对公共交通服务水平进行评价,主要包括车站公交服务频率和车站的行人可达性。

1)车站公交服务频率

车站公交服务频率是指在可接受步行距离和乘客希望出行时间内,车站乘客一小时平均可以获得公交服务的次数。公交服务频率除了与公交线路的发车频率有关外,还与公交车辆在道路上的实际运营情况有关。当有城市轨道交通施工时,可能导致公交车辆不能通过施工位置或通过施工位置的时间延长,这就使得下游车站的公交服务频率降低,乘客的公交服务可得性变差。另外,如果施工位置在交叉口,施工围挡导致公交车辆的转弯半径不足,也会导致车站公交服务频率降低。

2)车站行人可达性

车站行人可达性是乘客到达车站的便利性程度的反映。施工导致到达公交车站人行道条件变差,使得车站行人的可达性降低。测度方法之一是行人从一个特定地点到达公共汽车站所用的行程时间,包括在交叉口前等待行人过街道灯的延误时间及在无信号交叉口前等待过街道间隔的时间。显然,不同的步行环境下步行行程时间不同。城市轨道交通施工可能会严重改变原有的步行环境,从而使得车站行人可达性降低。

第5章 城市轨道交通施工期间交通疏解策略制订

5.1 交通疏解策略的内涵及必要性

5.1.1 交通疏解策略的内涵

交通疏解策略是指为了将城市轨道交通施工对城市交通的影响降到最低,统筹兼顾城市轨道交通施工顺利开展与市民交通出行需求,所采取的工程、技术和管理手段的集合。交通疏解策略包括城市轨道交通施工方案优化、道路和交叉口改造、机动车交通分流、交通需求管理、交通控制优化、临时交通标志标线设置等方面的内容。需要注意的是,并不是所有位置的城市轨道交通施工都必须包含上述所有策略,而是要根据城市轨道交通施工影响的大小和所设定的目标恰当地选择相应的交通疏解策略。

5.1.2 交通疏解策略的必要性

城市轨道交通建设周期长,施工期间需占用大量的城市道路资源,增加了城市道路交通拥挤状况,降低了道路的交通服务水平,导致出行者产生不满情绪,这给建设方和交通管理方造成了很大的压力。制订交通疏解策略有利于实现以下的目标:
①减小施工区对其周边道路上车流的影响,改善施工区工人和公众出行的安全性。
②保障施工区域及周边路网的畅通,减少出行者、周边商铺以及住宅小区的投诉。
③改善施工期间交通拥堵的局面,缓解城市轨道交通施工与城市道路交通的矛盾。
④确保城市轨道交通建设的顺利进行,把城市轨道交通建设对城市交通的影响程度降到最低。
⑤保障城市轨道交通施工期间城市交通的正常运转,城市生活、生产的顺利进行。
⑥明确相关参与方的职责,确保交通疏解的顺利开展和疏解目标的实现。

5.2 交通疏解策略制订流程

交通疏解策略的制订,主要有四个关键步骤:首先,确定不同层次、不同类别交通的疏解目标;其次,选择交通疏解策略;再次,针对相应的交通疏解策略,进行交通控制优化;最后,对交通疏解策略的效果进行评估。其中,交通疏解策略的选择按照施工方案调整、道路或交叉口改造、机动车交通分流、交通需求管理的顺序进行,详细的交通疏解策略制订流程如图5-1所示。

城市轨道交通施工期间交通疏解方法及实践

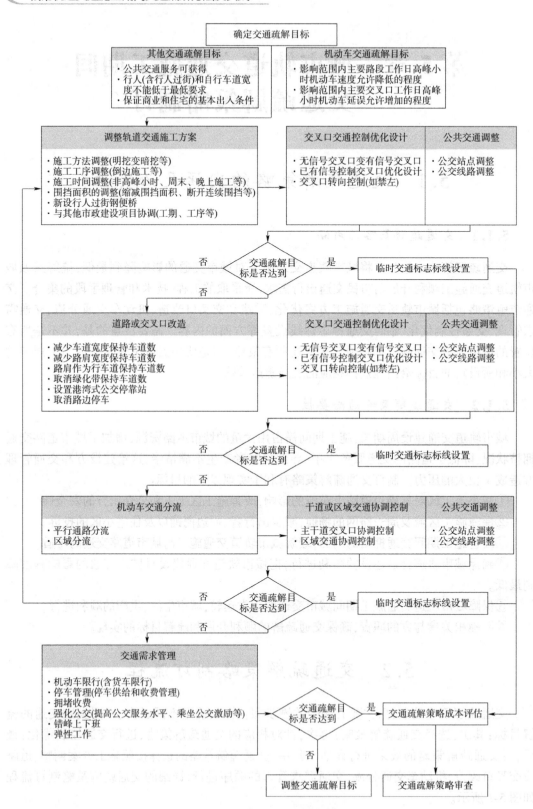

图 5-1　交通疏解策略制订流程

5.2.1 确定交通疏解目标

交通疏解目标是指通过采取交通疏解措施后,城市轨道交通施工影响范围内交通服务水平应该达到的程度。从交通类别来看,交通疏解目标包括机动车交通疏解目标、行人的交通疏解目标、自行车交通疏解目标、公共交通疏解目标、沿线设施交通可达性目标等;从范围来看,有微观节点各类交通的疏解目标和宏观区域机动车交通疏解目标。交通疏解目标的设定应结合施工影响范围内现有的道路交通设施供给情况、交通需求情况和施工位置特征综合确定,体现合理可行、切合实际的原则。

1) 机动车交通疏解目标

反映路段和交叉口机动车服务水平的指标有通行能力、行程速度、延误、排队长度、符合度等,既可以选择多项指标,也可以选择一项指标来测度机动车的服务水平。假设以行程速度来测度路段机动车服务水平,以延误测度交叉口机动车服务水平,交通疏解目标的设定见表 5-1。

节点机动车交通疏解目标设定示意表(例表)　　　　表 5-1

类　别	服务水平现状	交通疏解目标
交叉口	A、B 或 C	D(控制延误不超过 45s)
	D	最大控制延误增加不超过 30%
	E	最大控制延误增加不超过 30% 或控制延误不超过 80s
	F	最大控制延误没有显著增加
路段	A、B 或 C	D(平均行程时间增加不超过 15min)
	D	E
	E	F
	F	平均行程速度没有显著降低

对于区域机动车交通疏解目标则需要统计影响范围内所有路段和交叉口的服务水平现状,根据不同路段和交叉口的功能恰当设定每个交叉口和路段的服务水平目标。

2) 行人交通疏解目标

行人交通疏解目标的最低要求是满足不同区域行人的基本通行条件。对于普通各级道路必须保证人行道宽度不低于 2.0m,商业或公共场所以及火车站、码头附近路段人行道宽度不小于 4.0m,长途汽车站人行道宽度不小于 3.0m。

当施工围挡占用人行横道时,应该按照《道路交通标志和标线》(GB 5768)的要求就近区域设置新的人行横道线。人行横道的最小宽度为 3m,并可根据行人数量以 1m 为一级加宽,路段上设置的人行横道线之间的距离一般应大于 150m。

3) 自行车交通疏解目标

自行车交通疏解目标根据施工位置原有的自行车交通服务水平来确定。如果施工位置所在路段没有自行车专用车道,同时又存在一定的自行车交通需求,建议设置自行车专用车道;如果施工位置所在路段已经有自行车专用车道,路段和交叉口的自行车交通服务水平建议低于三级。

4)公共交通疏解目标

这里的公共交通特指地面常规公交。为了体现"公交优先",公共交通疏解的目标是尽可能保持原有的公交服务水平,即一定的车站公交服务频率和可达性。同时,为了提高公交出行的分担率,进一步降低机动车交通量,在条件允许的情况下,可适当提高公交的发车频率和可达性。

5)沿线设施交通疏解目标

对于城市轨道交通沿线的商业、居住、医疗、政府等设施,交通疏解的目标是保证这些设施基本的出入条件得到满足。对于一些重要的设施,如学校、医院、政府部门等,要尽可能维持原有的出入条件。

5.2.2 调整城市轨道交通施工方案

城市轨道交通施工的交通疏解策略有很多,首先考虑的应该是施工方案的调整。城市轨道交通施工方案的制订往往主要考虑工程造价、施工工期等因素,对交通影响的考虑并不是很充分。城市轨道交通施工方案的调整可以从以下几个方面来考虑。

1)施工方法调整

在城市轨道交通施工中,明挖法施工虽然具备成本低、进度快等优点,但是该方法在实施过程中对于城市交通的影响较大。在工程地质、造价等条件允许的情况下,尽可能不采用明挖法施工,或将明挖法施工改为暗挖法、盾构法等对城市交通影响较小的施工方法。

2)施工时序调整

城市轨道交通施工不同于一般道路施工,具有"综合过程"的特点。统筹安排施工站点及区间的施工时序,既能保证施工项目的有序进行,又能降低对地面交通的影响。比如,两个距离较近的站点不宜同时建设,避免造成平行路段的交通压力过大,造成整个路网的拥堵。在施工路段,尽量采用倒边施工,减少对城市交通的影响。倒边施工是将需要施工的路段分为左右两幅,分两次围挡,依次进行施工,待一侧道路施工完毕,路面恢复后拆除围挡,再对另一侧道路进行围挡施工。对单个车站各分项工程分期分段施工,最大限度地减少同时施工对道路资源的占用。

3)施工时间调整

施工时间调整的原则是尽量避开交通的高峰进行施工,如:

①尽量避免在早、晚高峰期进行施工。

②景区周边的施工应尽量避免在节假日进行。

③学校周边的施工应尽量置在周末假期进行等。

4)围挡面积调整

围挡区域面积越大,作业面积越宽,施工进度相对就会越快,但同时对城市交通所造成的影响也会越大。为了降低这种交通影响,建议施工单位在能够保证施工空间、作业面、安全的前提下,尽可能地缩减围挡区域面积,或断开连续围挡为市民通行提供通道。另外,在医院、学校、政府部门和军事要地等位置施工时,其出入口处不可以设置围挡,以免影响相关人员的通行。

5)新设行人过街钢便桥

对于居住小区、商场、宾馆等普通设施,当需要在其周边进行施工时,建议施工单位搭设临时钢便桥跨越施工基坑,保证车辆和行人基本的出入条件。

6) 与其他市政建设项目协调

城市轨道交通施工期间,可能还有其他市政建设项目与之同步施工,如交通配套设施建设、道路扩建工程等。各种市政建设项目建设时序的不确定性给城市轨道交通施工期间交通疏解带来很大的风险,同步施工带来的影响不仅是交通问题,还有严重的社会安全风险问题,因此应针对不同项目的施工工期、工序等要做到统筹安排,由项目建设方委托相关单位协同进行交通疏解方案研究。

5.2.3 机动车交通分流策略

如果通过调整城市轨道交通施工方案和道路及交叉口改造仍然不能达到交通疏解的目标,就需要采取机动车交通分流策略。交通分流是指通过交通引导、宣传等措施使原通过城市轨道交通施工位置所在道路或交叉口的部分交通量选择其他路径,以减少施工位置所在路段或交叉口的交通需求,达到交通疏解的目标。交通分流是城市轨道交通施工期间交通疏解的有效措施,在实际中被广泛采用。根据分流道路的范围,交通分流策略可以分为局部的平行道路分流和区域交通分流。

1) 平行道路分流

平行道路分流是指将城市轨道交通施工位置所在路段或交叉口的交通量诱导至与之平行的道路上。当平行的道路有多条时,优先选择道路条件好、通行能力富余较大的路段作为分流路径。分流起点的设置根据需要分流的交通量大小来确定,需要分流的交通量越大,分流起点设置的位置就越靠前。为了保障道路分流得以顺利实施,可以采取如下措施:

①尽量在城市轨道交通施工前完成施工区域周边规划道路的建设,以保证城市轨道交通施工期间车辆可以选择其他路段绕行。

②对现有城市支路进行改造,在有条件的情况下进行改扩建,提升支路的通行效率。

③打通城市断头路,使得城市路网更加完善,车辆在城市轨道交通施工期间的绕行效率得以提高。

2) 区域交通分流

如果平行道路的富余通行能力不够或者通过平行道路分流后仍然不能达到交通疏解的目标,则需要考虑更大范围内的区域交通分流。区域交通分流主要针对起点和目的地都不在该区域内的过境交通。此时的分流道路将构成一个道路网络,分流的起点更远。

无论是平行道路分流还是区域交通分流,交通诱导标志标线设置和交通分流路径宣传都是必须提前进行的工作,相关的内容请见后续章节。

5.2.4 交通需求管理策略

如果把前述施工方案调整策略和道路或交叉口改造策略看作从交通供给的角度采取措施疏解交通,那么交通分流和交通需求管理策略就是从交通需求的角度疏解交通。交通需求管理是运用各种政策、法规、经济手段以及现代化的先进技术手段,对交通的发生和分布进行管理、控制,从而减少通过城市轨道交通施工影响区域的交通量,最终达到缓解交通拥堵、提高运行效率的目的。交通需求管理策略有机动车限行、停车管理、拥堵收费、鼓励公交出行、错峰上下班、弹性工作等。

1) 机动车限行

由于城市轨道施工影响,某些道路的通行能力会降低,在考虑交通总供给量受限的事实的基础上,必须从"面"上对整个施工影响区域加以考虑,采取交通总量控制措施和交通疏导分流策略,减轻相关道路及整个区域的交通压力。限行方案设计包括限行时间、限行方法和限行区域三个方面的问题。根据限行的对象包括外地车牌号限行、小客车限行、货车限行等。

2) 停车管理

停车管理包括直接限制停车位数量、共享停车场、增设临时停车场、提高停车收费标准等多种措施。

(1) 直接限制停车位数量

直接限制停车位数量就是规定在城市轨道交通施工影响范围内允许可停的最大停车位数量,或者在城市轨道交通施工路段直接不允许路内设置停车位,提高路段的通行能力。在交通拥挤区域限制有效的停车位数量,可以有效控制该拥挤区域的动态交通量,从而避免拥挤的加剧,减少时间、空间、能源、环境的消耗量。

(2) 共享停车场

共享停车场是减少停车供应策略的具体措施之一。譬如让餐馆与办公楼共享一个停车场,因为餐馆的停车高峰期多在晚上,而办公楼的停车高峰期是在白天。总的来说,用户群的数量越大、种类越多,停车场将实现更有效的共享。国外的经验数据表明:采用该措施能减少停车需求的比例一般在15%~40%。

(3) 增设临时停车位

如果为了保证路段通行能力,直接取消了城市轨道交通施工位置所在道路的停车位,则需要为周边居住小区停车需求设置临时停车场。比如在条件允许的情况下,在离施工路段较近的道路上设置临时停车位,但需保证沿线车道通行条件和出入需求。

(4) 提高停车收费标准

在城市轨道交通施工位置影响范围内,为了限制机动车的进入,可以采取提高既有停车场收费标准的措施,通过经济的手段控制机动车出入需求。

在进行停车管理时,需注意当动态交通供需产生矛盾时,为了缓和动态交通拥挤,静态的供给不应加剧动态交通的矛盾,保持适度的供给,以使动态交通保持最高的使用效率。

3) 拥堵收费

拥挤收费本质上是一种交通需求管理的经济手段,目的是利用价格机制来限制城市道路高峰期的车流密度、控制交通出行需求、调整出行路径、调节交通量的时空分布、减少繁忙时段和繁忙路段道路上的交通负荷、提高道路设施的通行速度,满足道路使用者对时间和经济效率的要求。

城市道路拥挤收费是指在考虑出行者路径选择行为的基础上,在交通拥挤时段对部分施工位置影响范围内道路使用者收取一定的费用,达到缓解交通拥挤的目的。通过道路拥挤收费还可以有效促进交通方式向高容量的公交系统转移,抑制小汽车交通量的增加。

实施交通拥挤收费的前提条件是必须拥有以下特性:高峰期产生持续性大范围的严重交通拥堵,以前试验过其他交通需求管理措施减少拥堵而效果不佳,城市汽车登记和管理制度健全,有比较完善的公共交通替代出行方式或者有大规模公共交通改善计划,拥挤收费有一定的公众接受度、领导层认可度以及相关公路法律保障等。

4) 鼓励公交出行

在城市轨道交通施工期间,施工影响范围内,可以大力提倡采用公共交通方式,激励出行者使用公交出行方式,减少小汽车交通量,从而减少施工区域内通过的交通量。比如,增加特定线路公共汽车的发车频率、公共汽车在交叉口享有优先权、降低公共汽车的票价等。

5) 错峰上下班

错峰上下班是指为了降低职工同时到达和同时离开的数量,规定不同类别的职工的上下班时间。错峰上下班不仅可以有效缓解交通拥堵,还可提高工作效率。错峰上下班最早由德国人提出,多国普遍采用,包括错峰上下班在内的弹性工作制在欧美发达国家已实行40年,给当地人的生活和出行带来了极大便利。2010年4月12日起,北京市属单位开始实行错峰上下班,首开中国先河。

因此,可以与施工区周边的工作单位协商,调整上班时间,让上班族错开高峰时期上下班,这种不用"踩点"上下班的做法可以让人们感到工作的便利和灵活,同时也在一定程度上缓解了施工区上下班高峰的压力。

6) 弹性工作

弹性工作可以看成一个缓解开车上下班造成交通堵塞,并由此造成城市空气污染和减少石油使用的解决方案。在城市轨道交通施工期间,可以积极提倡部分通勤者(如办公室工作人员)弹性工作,降低施工路段以及相关区域的交通集中度。

5.3　交叉口交通控制优化

城市轨道交通施工造成的交叉口进出口道变化、交通流量改变等都会使得交叉口原有的控制方式需要重新设计和优化。交叉口交通控制优化能够改善施工影响范围内路网的通行能力,缓解因城市轨道交通施工而造成的交通拥堵,有助于交通疏解目标的实现。

5.3.1　单个交叉口交通控制优化

对于信号交叉口而言,组合相位和配时是决定交通效率的主要因素之一。城市轨道交通施工前,信号交叉口的信号配时是相对合理的。城市轨道交通施工后,由于施工围挡的存在,车辆的通行条件发生了很大变化,使得原来相对合理的信号相位和配时在新条件下变得不合理。原有的交通控制方式或信号配时已不能满足需求。本节介绍的施工影响区交叉口维持原有服务水平可采用增加信号控制及优化信号配时两种方式。

1) 无信号交叉口增加信号控制

当两条相交道路交通流量较小时,不同方向的车流可以利用间隙实现交叉口通行,因此一般可不设信号灯控制。但是,城市轨道交通施工期间,施工围挡占用交叉口部分车道,改变了交叉口的通行能力。在交通需求不发生明显变化的情况下,如果没有信号灯的控制,各方向的车辆会争夺有限的道路资源,造成交叉口范围内的混乱,降低交叉口的通行能力,同时造成很多安全隐患。在交叉口设置信号灯,除了可以让不同方向的交通流有序通行外,还可以减少诱发事故的可能性,降低事故的严重程度。对于不同道路方向的交通,通过按时间、空间分配的原则,对其进行资源配置,在公平性原则下使交叉口能够被更有效、更安全地利用。

在城市轨道交通施工期间对于非信号控制的交叉口设置信号灯的首要作用就是保障交通运行的有序状态,避免安全事故的发生,其次才是保障交叉口的通行能力,使尽量多的车辆在一定的时间内能够通过。

2) 信号控制设计与优化

信号控制优化即对信号相位进行优化。信号控制的相位是指各进口道上信号灯的相互组合。优化相位即运用一定的指标来评价不同相位设计方案的优缺点,找出最好的相位方案。相位的复杂程度跟交叉口的形式有很大关系。当然,相位越多,损失时间也就越多,相应的交叉口的通行能力也会降低。因为存在过多的延误,所以相位方案设计的优劣直接影响着交叉口交通运行状态。

(1) 相位设计原则

相位设计的原则主要有以下两点:

①车辆信号:在同一个时间内,不能有两个信号同时出现在一个流线上。从绿灯到黄灯再到红灯,当绿灯时间过短时,为了交通安全可省略黄灯。其中绿灯代表通行权,黄灯代表已通过停车线的车辆继续行驶,未通过停车线的车辆在停车线后面等待,红灯代表停止通行。

②行人信号:人行横道上的信号分别是绿灯、绿闪和红灯。从绿灯变化到红灯,为了确保行人安全最后几秒应该设为绿闪;从红灯变化到绿灯,中间没有绿闪;车辆信号在进行闪光控制时行人信号应灭灯。

(2) 相位方案的设计过程

相位方案的设计应该充分考虑交叉口形式、各进口道和出口道的宽度、车道数、交叉角度、交通量、左右转率、大型车所占比例、直行交通量、周边相关的设施、视距等内容。按照下列步骤进行相位设计:

①绘制各进口道的交通流线,找出不会相互干扰的交通流线作为一个相位的组合。

②为了减少相位的数量,通过合并存在交织或者合流的交通流线为一个信号相位。

③设定相位顺序。

④模拟仿真、优化调整。

(3) 信号相位设计

信号相位设计主要内容为两相位与多相位之间的选择和相序的设计。

①相位的选择。信号相位简称相位,确定信号相位方案,就是明确各个进口道上的车辆和行人获得怎么样的通行权利。常见的两相位信号控制方式如图5-2所示:第一相位东西通行、南北禁行,第二相位南北通行、东西禁行。两相位信号控制方式适用于各种渠化条件。

相位超过两个的信号控制方式统称为多相位信号控制方式,最常见的是四相位控制方式,如图5-3

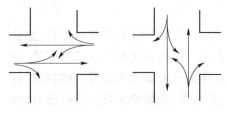

图5-2 两相位示意图

所示。多相位信号控制方式要根据交叉口的放行方式、渠化条件和路口各方向到达流量的均衡性来确定。

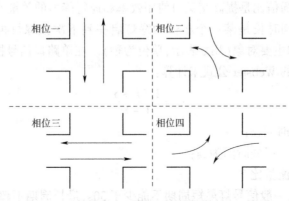

图 5-3　四相位示意图之一

在某些交叉路口,也常采用如图 5-4 所示的四相位信号控制方式。

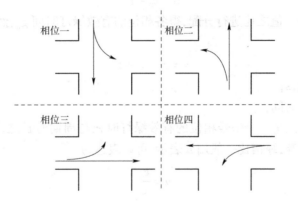

图 5-4　四相位示意图之二

对于交通情况更为复杂的交叉路口,也有采用五相位甚至更多相位数来进行控制的。

②信号相序设计。对于两相位信号控制方式的交叉路口,不存在任何的相序问题。而对于多相位信号控制交叉口,则要根据路口秩序好坏,路口内部空闲时间最少来确定信号相序。

通常,先放直行后放左转,常规四相位信号相序如图 5-5 所示。

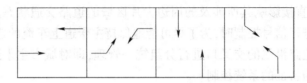

图 5-5　四相位信号相序图

如果机非隔离带过宽,难以设置非机动车禁驶区或二次停车线,则先放左转为宜,避免路口内秩序混乱。如果路口机动车放行方式为专用左转相位加左转弯停车待转区,则一定要先放直行后放左转。

③配时计算。交叉口信号控制装置设计的主要计算过程是确定各进口道上的信号灯配

时。方案优劣常用的评价指标主要有周期时长、行程时间、总延误时间、停车次数、排队长度、饱和度、通行能力及油耗等。其主要目的在于最大限度地提高交叉口的通行能力,而确定最佳的周期时长和绿信比是提高交叉口使用效率和通行能力的关键所在。

a. 周期时长。周期时长是某一个相位的绿灯启亮到下次该绿灯再次启亮时的时间总和,是信号配时设计的主要对象(用 c 表示,单位为秒)。在单路口信号控制配时设计时一般使用英国道路研究所的 Webster 公式来计算:

$$c_0 = \frac{1.5L + 5}{1 - Y} \tag{5-1}$$

式中:c_0——最佳周期时间,s;

L——周期内的总损失时间为,s;

Y——交叉口总流量比。

在实际应用当中,一般信号灯最短周期不能少于30s,最长周期不超过200s。

b. 信号配时。当信号周期和信号相位确定后,可得每周期的有效绿灯时间:

$$G = c_0 - L \tag{5-2}$$

把 G 按各相位的 y 值之比进行分配,得各相位的有效绿灯时间 g_e,然后算得各相位的实际显示绿灯时间:

$$g = g_e - A + l \tag{5-3}$$

式中:A——黄灯时间,s;

l——起动损失时间,s。

c. 绿信比。绿信比是一个信号相位的有效绿灯时长与周期时长之比,同一周期下各相位的绿信比不一定相等,绿信比一般用 u 表示,可以表达为

$$u = \frac{g_e}{c} \tag{5-4}$$

式中:u——绿信比;

g_e——有效绿灯时长,s;

c——周期时长,s。

5.3.2 多个交叉口协调控制

城市道路交通网中的主干道是保证城市社会经济活动正常运转的主动脉,一条主干道的交通运行状况,将直接影响其所涉及的周边大片区域的道路交通状态。在对城市主干道沿线的平面交叉口进行信号控制时,为了尽可能地保持主干道上车流的连续性,应根据道路及环境条件对主干道路沿线的交叉口进行分组统一管理,即对城市主干道的区段交通信号群实施以联动形式为特征的系统控制。

城市干线交叉口信号协调控制就是把一条干道一批相邻的交通信号连接起来,加以协调控制(简称线控制,也称绿波系统)。在分布式区域交通控制系统中,把一大片控制区域分为若干控制子区,划分出的控制子区往往是若干条干线的交通控制系统。

1) 选用线控系统的依据

对于线控信号系统,应该考虑的主要因素有以下几点。

(1) 车流的到达特性

在一个信号交叉口,车辆形成车队,脉冲式地到达,采用线控系统可以得到良好的效果。如果车辆的到达是均匀的,线控效果不会理想,就降低了对线控的要求。使车辆均匀到达的因素是:

①交叉口之间的距离太远,即使是成队的车流,也因其间距远而引起车辆离散,不成车队。

②在两个信号交叉口之间有大量的交通流从次要街道或路段中间的出入口(如商业中心停车场、车库等)转入干线。

③在信号交叉口处,有大量的转弯车辆从相交街道转入干线。

(2) 信号交叉口之间的距离

在干线街道上,信号交叉口的间距可在 100~1000m 的范围内变化。信号交叉口之间的距离越远,线控效果越差,一般不宜超过 600m。

(3) 街道运用条件

单向交通运行有利于线控系统的实施及实施后的效果,因而对单向交通运行的干道应优先考虑采用线控系统。

(4) 信号的分相

由于信号配时方案和信号相位有关,信号相位越多,对线控系统的通过带宽影响越大,受控制交叉口的类型也影响线控系统的选用。有些干线具有相当简单的两相位交叉口,有利于选用线控系统,而另一些干线要求多个左转弯相位,则不利于选用线控系统。

(5) 交通随时间的波动

车辆到达特性和交通量的大小,在每天的各个时段内有很大的变化,高峰期交通量大,容易形成车队,用线控系统会有较好的效果,但在非高峰期线控系统就不一定有效。

2) 线控系统的基本参数

在线控系统中,周期时长与绿信比两个基本参数与信号控制中的稍有不同。另外,线控系统还有一个重要的参数,叫相位差。

(1) 周期时长

在线控系统中,为使各交叉口的交通信号能取得协调,各个交通信号的周期时长必须是统一的。为此,必须先按单点定时信号的配时方法,根据系统中各交叉口的布局及交通流的流量、流向,计算出各个交叉口交通信号所需的周期时长,然后从中选出最大的周期时长作为线控系统的周期时长,其他交叉口信号都用这个公用周期时长来配时,把该周期时长最大的交叉口叫作关键交叉口。对于交通量较小的交叉口,实际需要周期时长接近于公用周期时长的一半,可把这些交叉口的信号周期时长定成公用周期时长的半数,这样的交叉口叫作双周期交叉口。

(2) 绿信比

信号控制系统中,各个信号的绿信比根据各个交叉口各向交通量的流量比来确定。因此,信号控制系统中,各个交叉口信号的绿信比不一定相同。而线控系统中,各个交叉口信号的绿信比一定相同。

(3) 相位差

相位差也称"时差",有以下两个定义:

①绝对时差,是指各个信号的绿灯或红灯的起点或终点相对于某一个标准信号绿灯或红灯的起点或终点的时间之差。

②相对时差,是指相邻两信号的绿灯或红灯的起点或终点之间的时间之差。相对时差等于两个信号绝对时差之差。

以红灯终点为标准的时差与以绿灯终点为标准的时差是相等的,一般多用于线控系统中确定信号时差;以红灯起点或绿灯起点为标准的时差,一般多用于面控制系统中确定信号时差。各信号的绿信比相等时,各不同标准点的时差都相等。一般多用绿灯起点或终点作为时差的标点,称为绿时差。

为使车辆通过协调信号控制系统时,能连续通过尽可能多的交叉口,必须使相邻交叉口信号间的绿时差同车辆在其间的行程时间相适应,所以相位差是线控系统实现协调控制的关键参数。

3) 城市干线交通信号控制配时方法

干线信号协调优化控制的主要配时参数有周期时长、绿信比和相位差,一般采用如图5-6所示的干线协调控制的结构来进行配时参数的优化协调。在协调控制层,实时检测数据计算信号周期、相位差和绿波带宽;在路口控制层,采用交通预测数据对下一时段各路口的绿信比进行优化。线控系统配时方法和步骤如下。

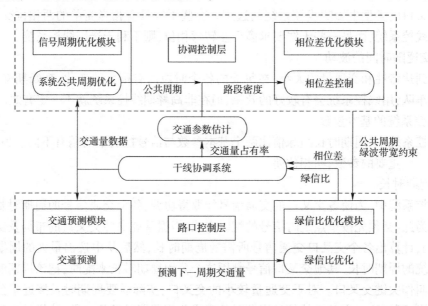

图 5-6　干线协调控制结构图

(1) 配时所需的数据

在确定线控系统的配时方案之前,必须调查收集一批必要的道路交通数据。这些数据包括:

①交叉口间距:相邻交叉口停车线之间的距离。

②街道及交叉口的布局:干道及相交道路的宽度、各进口道宽及进口道车道数。

③交通量:交叉口上交通流向、流量,各交通量的日变、时变图。

④交通管理规则:如限速、限制转弯,是否限制停车等。

⑤车速和延误:路上(或每队交叉口之间的)规定行驶车速或实际行驶车速(或行驶时间),及现状控制方案下的延误。

然后根据调查数据,特别是交叉口间距及交通量数据,确定干线上交叉口纳入线控的范围。把交叉口间距过长和交通量相差悬殊、影响信号协调效果的交叉口,排除在线控系统之外,或纳入另一相宜的系统内。再用这些数据计算纳入线控系统范围的各信号所需的配时,确定一批配时方案备用。

(2)计算备用配时方案

计算步骤如下:

①根据每一交叉口的平面布局及计算交通量,按单点定时控制的配时方法,确定每一交叉口所需的周期时长。

②以关键交叉口的周期时长为线控系统的备选系统周期时长。

③以各交叉口所需周期时长并根据主次道路的流量比,计算各交叉口各相位的绿信比及显示绿灯时间。

④上步算得关键交叉口上主干道相位的显示绿灯时间,就是各交叉口上对干道方向所必须保持的最小绿灯长度。

⑤按第③步算得非关键交叉口上次要道路方向显示绿灯时间,就是该交叉口对次要道路所必须保持的最小绿灯时间。

⑥系统周期时长大于非关键交叉口所需周期时长时,非关键交叉口改用系统周期时长,其各相绿灯时间均随着增长,非关键交叉口次要道路方向的绿灯时间只需保持其最小绿灯时间即可。为有利于线控系统协调双向时差,在非关键交叉口上保持其次路方向的最小绿灯时间,把因取系统周期时长后多出的绿灯时间全部加给主干道方向,这样还可以适当增加线控系统的带宽。

以上算得的配时方案,在线控系统中只是配用方案,尚需根据配合协调系统时差的需要而给予调整。

(3)选定周期时长

线控系统的周期时长不仅决定于各交叉口信号配时的结果,还同取得适用的相位差有关,所以在协调系统相位差时要经过反复试算来确定。

在选定试算周期时长时,常用的依据是:使通过速度接近街上车辆的实际平均车速,定出一段周期时长的备选范围。如果系统中信号间距相当整齐,则根据典型信号间距 s 和测得的车速 v 定出周期时长 c。把这些备用周期时长与从各个交叉口配时算得的所需系统周期时长进行对比,如果其中某个周期时长接近或略大于该公用周期时长,则选用此周期时长作为试算的基础,但首先要检验所选用的周期时长能否保证各个交叉口有效运行。如果所要设计的线控系统同其他线控系统相交或接近,这些线控系统已采用的周期时长就可定为要设计系统的周期时长。

(4)确定信号相位差

协调线控系统相邻信号的相位差,有图解法和数解法两种比较实用的方法。

(5)验证方案实施效果

这样的线控制配时方案在实施之初,应当实地验证方案的效果。在实施之后,还应当定期实地验证,即检测车辆平均延误、排队长度等交通指标。若发现效果不够理想,应当根据现场重新调整的各项交通数据(平均车速、干道与支路上的交通流量与流向等),重新计算配时方案,及时调整配时设计。

5.4 临时交通标志标线设置

城市轨道交通施工方案调整、道路或交叉口改造、交通分流、交通需求管理、交叉口控制优化等策略的成功实施,离不开交通参与者的配合。临时交通标志标线的设置是引导交通参与者配合交通疏解策略的必要措施。

5.4.1 临时交通标志设置

临时交通标志包括施工区安全标志、警告标志、禁令标志和指示标志等。

1)施工安全标志

根据我国《道路交通标志和标线》(GB 5768),施工安全标志包括施工路栏、锥形路标、前方施工、道路封闭(左道封闭、右道封闭、中间封闭)、向左(右)改道、车辆慢行、移动性施工标志等,见表5-2。

施工安全标志　　　　　　　　　表5-2

序号	标志名称	设置条件及位置	功能简介	示意图
1	路栏	设在施工路段的两端或周围	阻挡车辆前进或指示改道	
2	锥形交通标志	设在需要临时分隔车流、引导交通、保护施工现场设施和人员等场所周围	与路栏配合,用以阻挡或分隔交通流,指引车辆绕过危险路段	
3	前方施工 ××km	设在施工路段前适当位置	通告路段施工位置及位置信息	
4	前方施工 ××m	—	—	
5	前方施工	—	—	

续上表

序号	标志名称	设置条件及位置	功能简介	示意图
6	道路封闭 ××km	路段半幅或全幅封闭情况下设置。设在施工路段前适当位置	通告路段施工及位置信息	道路封闭 300m
7	道路封闭 ××m			道路封闭 1km
8	道路封闭			道路封闭

施工路栏设置于施工作业区前,面向车流方向。锥形路标用于围挡施工作业区。"道路施工"标志设于作业区的最前方,"道路封闭""道路改道"标志设于"道路施工"标志之后,前置距离可根据具体情况根据表所示,于前方500m再次设置"道路封闭"标志。如道路为全封闭,那么和"交通封闭"标志组合使用的还有道路阻断及绕行标志,具体绕行线路随实际路况做调整。导向标志设于施工作业区端部,用于指示道路封闭或改道后车辆行驶方向。"车辆慢行"标志设于施工工作区路段。移动性施工标志设置于临时性作业区前方,用于提示驾驶员。

2) 警告标志

警告标志是车辆、行人注意危险地点及应采取措施的标志,作用是及时提醒驾驶员前方道路线形和道路状况的变化,在到达危险点之前有充分的时间采取必要措施,确保行车安全。

在施工作业区应设置的警告标志包括道路施工标志和道路变窄标志,见表5-3。"道路施工"和"道路变窄"标志通常设于施工作业区的对向车道。布设道路施工安全标志时,前置距离依据表5-3。如果作业区路段设置的道路施工安全标志可以完全表达警告标志的含义时,也可考虑不设警告标志。

城市轨道交通施工涉及的警告标志　　　　表5-3

序号	标志名称	设置条件及位置	功能简介	示意图
1	施工	当进行短时或移动性施工时可在施工路段前方适当位置设置施工标志	警告驾驶员前方施工	
2	右侧变窄	左(右)侧变窄,因交通流汇合而发生瓶颈,应在车道数减少前设置右(左)侧变窄标志	警告驾驶员由于道路施工导致路面宽度变化或车道数减少,造成通行条件恶化,小心驾驶	
3	左侧变窄			

续上表

序号	标志名称	设置条件及位置	功能简介	示意图
4	双向交通	路段半幅施工借道行驶,应在施工路段前适当位置设置双向交通标志	警告驾驶员前方注意会车	

3) 禁令标志

禁令标志是根据道路和交通情况,为保障交通安全而对车辆和行车交通行为加以遵行、禁止或限制的标志。城市轨道交通施工作业区设置的禁令标志包括限速标志、禁止(超车、驶入、停放)标志,见表5-4。

城市轨道施工涉及的禁令标志　　　　　　　表5-4

序号	标志名称	设置条件及位置	功能简介	示意图
1	禁止驶入	设置在施工路段起始处	禁止驶入施工作业路段	
2	禁止超车	设置在施工路段的前方,禁止超车路段的起点	表示车辆在该标志至前方解除禁止超车标志路段内,禁止车辆超车	
3	解除禁止超车	设置在施工路段末端后,禁止超车路段的终点,与禁止超车标志成对使用	表示禁止超车路段结束	
4	限制速度	设置在施工路段的前方,限制速度路段的起点	表示该标志至前方解除限制速度标志的路段内,车辆行驶速度(km/h)不准超过标志所示的数值	
5	解除限制速度	设置在施工路段的后方,限制速度路段的终点,与限制速度标志成对使用	表示限制速度路段结束	

续上表

序号	标志名称	设置条件及位置	功能简介	示意图
6	禁止车辆停放	在过渡路段、缓冲路段和作业路段内的适当位置	禁止车辆临时或长时停放在该路段区域	

(1) 限速标志

为了保证施工作业区行车安全,对在道路上行驶的施工车辆和机动车辆必须进行限速。限速标志应设置于接近施工作业区的路段和施工作业区路段。对施工车辆一般控制在 20km/h。

限速标志设置应遵循如下原则:

①限速标志应本着尽量不改变正常交通流运行的原则,如必须改变,应提前做好交通分流工作。

②应根据交通流、道路几何条件、施工项目性质和道路的地形特征等因素综合确定限速标志的限速值。

③限速标志所限定的速度应与过渡段的曲线和施工区的要求相一致。

(2) 禁止超车标志

禁止超车标志设置于无分隔设施的施工作业区,500m 设一组,一组 2 个,并在作业区下游过渡区结束后 200m 处设置禁止超车解除标志,重复设置 2 个。

4) 指示标志

指示标志是指示车辆、行人按规定方向、地点行进的标志。城市轨道交通施工作业区应设置的指示标志有道路施工预告标志(见图 5-7)和车距确认标志(见图 5-8)。道路施工预告标志设置于施工作业区前 2m 处,重复设置 2 次,由车行方向依次设置第一个预告标志和第二个预告标志。车距确认标志设置于道路施工预告标志后 300m 处,设置 2 组。

图 5-7 道路施工预告标志　　图 5-8 车距确认标志

5.4.2 临时交通标线设置

道路交通标线由规定的标线条、箭头、文字、立面标记、突起路标及其他导向装置,画设于路面或其他设施上,具有管制和引导道路交通的作用。施工作业区标线用于管制和引导作业区路段内交通流,作业区标线的形式、尺寸、传达信息等应按照现行《道路交通标志和标线》(GB 5768)相关规定执行。

1)临时交通标线设置原则

①交通标线设置应与交通标志内容及设置相互配合、相辅相成。

②保证标线的可视性,无论是白天或黑夜,还是高速行驶时,都能通过光泽和色彩的反衬而清晰地识别和辨认路面标线。

③城市轨道交通施工作业区标线虽然一部分为临时标线,但仍要保证其耐久性,必须保持与路面之间的紧密结合,在施工时期内,不会因为车辆的来往通行而导致标线剥落。

④城市轨道交通施工作业区标线应连续施划,锥形区处须设置渐变段。

2)施工作业区交通标线构成

施工作业区交通标线由预告段、上游过渡段、缓冲段、施工段、下游过渡段、终止段组成,如图5-9所示。

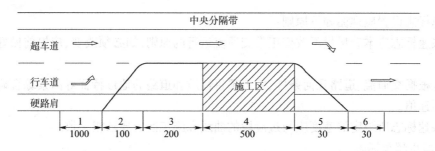

图5-9 占道施工区交通标线划分示意图(尺寸单位:m)
1-预告段;2-上游过渡段;3-缓冲段;4-施工段;5-下游过渡段;6-终止段

(1)预告段

预告段交通标线主要作用是警示驾驶员前方道路条件发生变化,提醒驾驶员谨慎驾车,并指引驾驶员安全顺利通过工程施工作业区。警告区需设置的交通标线包括路面文字和导向箭头。此区段的长度设为1000m,在警告区起点和距起点700m处的硬路肩上设"前方施工"标志。

(2)上游过渡段

上游过渡段可以为车辆提供变换车道或改变行驶方向的空间。车辆进入此区域后,如果不在未封闭车道上行驶时,必须变换车道。上游过渡段需设置导向箭头、改变行车方向的车道线及禁行区条纹线,此区段长度设为100m。

(3)缓冲段

缓冲段给变换车道的车流提供一个到达施工段的调整空间。车辆驶入该区域后,呈跟驰状态行驶,因此需设置减速标线、禁止超车线、禁止变换车道线。为了避免车辆直接冲入施工区伤害到施工人员,在上游过渡区和施工区之间设置了200m的缓冲区。

(4)施工段

在施工段通过渠化设施或障碍物将施工作业区与道路交通相隔离。为了保证行车安全,驶入该区域的车辆不能超车,只能跟驰行驶。因此,在施工段内需设置禁止变换车道的车道分隔线,并配合震颤垫块以加强其作用。施工区设为500m。

(5)下游过渡段

施工段即将结束,车辆即将恢复正常行驶状态,此处为车辆提供变换车道或改变行驶方向的空间,应设置导向箭头和车道渐变标线,这个区域长30m。

(6)终止段

在终止段交通流开始逐渐恢复正常运行状态,并可解除由于施工导致的限速。此处交通标线应恢复为非施工作业区路段的形式。

5.5 公共交通调整

城市轨道交通施工期间,在某个节点或区间施工不可免地会造成节点或道路交通中断。根据道路功能定位及沿线土地利用状况采取相应的交通疏解方案后,仍有部分路段及交叉口断交或交叉口某个方向的转向功能受限,因此涉及的公交线路需要做出调整。另外,轨道站点或区间施工围挡处,道路通行能力严重下降,如果对围挡区域公交站点不进行调整,则施工期间公交车辆停靠对路段通行能力影响更甚,因此,施工期间必须对受到影响的公共交通线路及站点进行调整。

5.5.1 公共交通调整原则

公共交通调整遵循如下原则:

①就近原则:临时站点的设置尽量减少居民出行时间和距离。

②最小变动原则:为了使调整后的方案尽量维持现有乘客的出行习惯,一般情况下,线路调整至与施工路段平行的最近道路。

③均衡原则:要避免调整后的公交站线路过多现象。

④协调原则:公交调整要与区域交通组织方案相协调,在线路调整时需考虑区域路段以及节点的交通疏解方案,否则线路调整方案将难以实施。

5.5.2 公交线路调整考虑的因素

在进行公交线路调整时,需考虑如下因素:

①附近居民的公交出行习惯;

②附近居民步行到公交车站的距离;

③片区公交线网的协调;

④与平行道路的间距;

⑤现有站点位置与平行道路站点位置对比;

⑥与平行道路联系通道发达程度。

5.6 交通疏解策略成本评估

城市轨道交通施工期间的交通疏解从现状调查到交通疏解策略制订,再到疏解策略的实施都需要耗费一定的人力、物力和财力,因此,在交通疏解策略制订过程中,评估交通疏解的成本和明确资金来源是一项非常重要的工作。

国外一般将交通疏解成本作为项目工程造价的一部分,在进行项目预算时,单独考虑交通疏解的成本。交通疏解的成本与项目的规模、性质、影响和所采取的交通疏解策略有直接关系。比如,国外的经验表明:当项目的工程造价在 25 万~3000 万美元时,对应的实施成本比例范围为造价的 4%~30%。

5.6.1 交通疏解策略成本构成

交通疏解策略的成本包括两部分:直接成本和间接成本。

1) 直接成本

直接成本是指交通疏解策略及配套项目在实施过程中所耗费的人力和物力。具体来讲,直接成本包括:

①交通疏解策略的制订成本。

②交通疏解策略的宣传成本。

③交通疏解车辆的实施成本,包括道路或交叉口的改扩建费用、搭建临时钢便桥或新建道路所需要的费用、设立临时交通标志标线所需要的费用、公交车站的改建费用、交通信号控制优化调整费用、新增现场交通管理人员的费用等。

2) 间接成本

间接成本是指交通疏解策略的实施对城市轨道交通施工项目本身及交通出行者的影响导致的费用。可能的间接成本如下:

①施工方案调整导致的额外施工成本。为了达到交通疏解的目的,可能会对施工方案进行调整,比如明挖法变为暗挖法、缩小围挡面积等,这些调整势必会增加项目的施工成本。

②交通参与者增加的出行成本。当实施交通分流策略时,大量的交通需要避开施工路段或交叉口,选择更远的路径绕行。这种绕行所增加的时间成本和油耗、车辆磨损等成本就属于交通疏解策略实施带来的间接成本。另外,在分流的路段或交叉口,由于交通量的增加,排队长度和延误都可能会增大,这部分时间成本也属于间接成本。

5.6.2 成本承担方

一方面,如果没有城市轨道交通施工,就不会有相应的成本产生,所以交通疏解成本的主要承担方应该是城市轨道交通建设单位,比如各个城市的城市轨道交通公司。另一方面,城市轨道交通属于公共交通的一种,具有公益性的特点,因此城市交通运行管理机构比如交通局、交警等部门也应承担部分成本。

第 6 章 交通疏解策略宣传

6.1 交通疏解策略宣传的内涵及重要性

6.1.1 交通疏解策略宣传的内涵

交通疏解策略宣传是指通过多种形式向交通参与者、影响区域的居民、普通公众、企事业单位传递城市轨道交通施工方案、施工对交通影响的范围和程度、交通疏解的具体策略等信息,赢得公众对城市轨道交通的支持,引导交通参与者选择合理的出行路径和交通工具,达到交通疏解策略预期的效果。交通疏解策略宣传一般包括决定宣传性质和规模、确定宣传的责任主体、宣传合作者、宣传目标受众、宣传内容、宣传途径、宣传时机等内容。

6.1.2 交通疏解策略宣传的重要性

交通疏解策略宣传是城市轨道交通施工期间交通疏解工作的前提和重要保障,对于城市轨道交通建设的顺利进行和交通疏解目标的实现有举足轻重的作用。

①通过宣传可以使城市居民更加全面地了解城市轨道交通项目对于城市建设的重要性,赢得城市居民对城市轨道交通建设的支持。

②通过宣传可以让交通参与者提前知道城市轨道交通建设对交通的影响,预先规划好出行路径和交通方式,减少由于信息传递不到位导致的交通拥堵。

③通过宣传可以让交通参与者提前知道交通疏解的具体措施,比如哪些道路可以作为候选路径,哪些地方不能停车,哪些公交站点进行了调整,哪些区域限行等,从而更有效地选择出行路径和方式,有利于交通疏解目标的实现。

④通过宣传可以提高公众对交通疏解的知情度和参与度,获得公众对交通疏解策略的支持,降低施工期间交通管理的难度。

6.2 交通疏解策略宣传的流程

交通疏解策略宣传是一项系统性很强的工作,包括宣传性质和规模、宣传责任主体和机构、宣传合作伙伴、宣传目标受众、宣传内容、宣传途径、宣传时机一系列的工作,如图 6-1 所示。

图 6-1 交通疏解策略宣传流程

6.2.1 确定宣传性质和规模

宣传活动的性质和规模主要取决于施工项目的预期影响。对于施工周期短、影响较小的城市轨道交通施工点位,可仅在受影响的区域进行宣传,宣传的形式主要以新闻、网站为主。对于施工周期较长、规模大、影响广泛的城市轨道交通施工点位来说,需要进行更加多样化、周密化的宣传活动,增强宣传效果。在确定宣传活动的规模和性质时应考虑以下因素:

①城市轨道交通施工点位对微观节点和区域的交通延误和安全性的影响程度。
②特殊的交通条件如重型卡车通行情况、恶劣天气等。
③对其他运输方式的干扰,如公共交通、机场、地铁、铁路、港口等。
④分流路径。
⑤危险品运输路线。
⑥对应急设施的影响,如医院、消防、军事基地等。
⑦对其他公共设施的影响,如学校等。
⑧对计划的大型公共事件的影响,如运动会、重大会议等。
⑨对商业和住宅区的影响。

6.2.2 确定宣传责任主体和机构

交通疏解策略宣传的责任主体一般是城市交通的运行管理部门(如交警)。宣传责任主体应该在内部设置专门负责交通疏解宣传的临时岗位和机构,指定宣传工作的管理人员、媒体发言人、图形设计人员、新闻稿撰写人员、部门网站管理人员等。

6.2.3 确定宣传合作伙伴

为了建立有效的沟通渠道、更好地传播信息、改进宣传方式、分担宣传成本,交通疏解策略的宣传需要确定一系列的合作伙伴。城市轨道交通施工的所有利益相关方都是潜在的宣传合作伙伴,典型的合作伙伴包括:

①政府机构和重要单位,如全国人民代表大会常务委员会下设办事机构、政协机构、医院、学校、公交公司等。
②城市轨道交通施工影响区域内的大型企事业单位。
③城市轨道交通施工单位。
④城市轨道交通规划和管理部门。
⑤实时交通信息提供部门,如电台、网络、电视等。
⑥特殊事件的计划和实施部门。

6.2.4 确定宣传目标受众

宣传目标受众是指宣传活动中特定媒介渠道或媒介内容的诉求对象。确定目标受众是任何宣传的关键环节。不同的目标受众,宣传的方式和内容都有差异。比如对于非本地的公众来说,要在旅游区、火车站、汽车站、机场等客流量较多的地方加强宣传力度。目标受众有多种不同的划分方式。根据出行者的类型可以分为当地的通勤出行人员、当地的非通勤出行人员、外地出行人员等,根据出行的目的可以分为上班出行者、购物出行者、休闲娱乐出行者、就医出行者、上学出行者等,根据出行者的特征可以分为城市常住人员、老人、儿童、残疾人士等。

6.2.5 确定宣传内容

交通疏解策略宣传的内容主要包括城市轨道交通施工方案、施工对交通的影响、施工期间具体的交通运行方案等。

1) 城市轨道交通施工方案

城市轨道交通施工方案的宣传可以让公众明白为什么要采用特定的城市交通运行方案。施工方案的宣传包括施工的位置、围挡的面积、施工开始时间、施工结束时间、施工周期等。

2) 城市轨道交通施工对交通的影响

城市轨道交通施工的影响包括对交通设施的影响和对交通运行状态的影响。施工围挡占用行车道的数量、时间等属于对交通设施的影响,交通延误的增加情况、通过时间的延迟情况等属于对交通运行状态的影响。

3) 具体的交通疏解策略

具体的交通疏解策略包括城市轨道交通施工位置所在路段或交叉口的替代路段、公共交通车站的改迁方案、公交线路的调整方案、车辆的限行方案、行人和自行车的通行方案、停车管理调整方案等。

4) 城市轨道交通形象

设计独特的项目名称或商标、徽标、标语,建立一个有活力的品牌形象,可以使市民更容易识别与项目相关的内容或信息,提高辨识度,增加公众对项目的好感。例如,北京地铁的"红星京味号",南京地铁的"驰载人文,身心直达",杭州地铁的"品质地铁"等。

6.2.6 确定宣传途径

宣传途径即将宣传内容传递给受众的方式和方法。城市轨道交通施工宣传的途径非常多,包括网站、电子邮件、宣传手册、项目模型展示、报纸广告和新闻、电视广告和新闻、电台广告和新闻、员工宣传、公共宣传栏、公共汽车上广告、衣服上印制图片、微信微博、召开新闻发布会、热线电话等。

对于宣传途径的选择需要考虑宣传受众的特征和经费的限制。比如,对于驾驶员的宣传,电台广告和新闻是一个不错选择;对于年轻人,通过网站、微信朋友圈、公众号进行宣传比较适合;对于上班族,通过电视、网络、微信都可以进行有效的宣传。城市轨道交通施工涉及的宣传受众类型众多,因此,应该针对不同的受众类型采用多种宣传途径进行综合宣传。

6.2.7 确定宣传时机

交通疏解策略宣传应该在城市轨道交通施工项目正式开工前开始,而且一直持续到城市轨道交通施工结束。在施工前,宣传的内容主要是城市轨道交通施工方案、施工对城市交通的影响以及如何找到更多的相关信息;在施工期间,宣传的重点是交通疏解的具体措施,建立热线电话即时回复公众的各种相关问题和建议。

6.3 交通疏解策略宣传途径

交通宣传策略的宣传途径包括大众媒体、网站、电子邮件、印刷材料、热线电话、动态信息显示牌、定时召开新闻发布会、手机等。

6.3.1 大众媒体

传统的大众媒体包括电视、广播和报纸。这些大众媒体仍然是公众获得交通信息的主要方式。因此,大众媒体是交通疏解策略宣传的主要途径。

1)电视

电视是我国目前影响最大的传播媒体,利用电视进行宣传,主要可以利用本地新闻和电视广告以及一些访谈节目。另外,要积极构建电视专题栏目与交通相关节目的互动,增加辨识度。

2)广播

从媒体来看,广播虽然这几年比电视落后些,但它仍旧有电视无法替代的宣传作用,还有许多人愿意听广播,特别是机动车驾驶员、老人以及一些没有条件看电视的人,可以扩大传播范围。在广播媒体上的宣传至少有两种形式:一种是纯粹的广告;另一种是做节目,由城市轨道交通施工负责人与主持人或听众交流,增加市民的参与度。

3)报纸

定期在报纸上刊登与项目工作内容、施工阶段相关的材料,向市民通告、发布施工进度,增加市民对城市轨道交通建设的知情权和参与权,让市民了解该地区在城市轨道交通施工期间采用的交通疏解方案的具体内容,及时为市民提出合理的出行线路建议,规范和指导市民理性对待出行方式的选择。

6.3.2 网站

网站是传报交通疏解相关信息的重要途径。相比传统的大众媒体,网站可以实现24小时即时更新。利用网站进行宣传有两种模式:利用已有的网站和新建的专门的网站。利用已有的网站包括城市的公共信息网、交通管理部门已有的网站等。针对城市轨道交通施工周期长、影响范围大的特点,可以新建的专门的城市轨道交通施工信息网站,即时更新城市轨道交通施工进展、施工方案、施工对交通的影响、交通疏解方案等信息。另外,网站上还可以设置互动模块,即时回答网友关心的问题。

6.3.3 电子邮件

城市轨道交通施工期间交通疏解的相关信息也可以通过电子邮件发送给特定的目标人群,如政协委员、人大委员、相关领域专家、记者等能够影响政府决策的相关人士。发送包含城市轨道交通施工的相关信息给他们,可以达到非常好的宣传效果。

6.3.4 印刷材料

印刷材料包括宣传手册、情况说明书、时事通信等。印刷材料可以通过邮寄、现场散发等方式免费传递给公众。现场散发主要在人群集中的地方,如火车站、汽车站、机场、商场、商业步行街等。印刷材料上的宣传内容应该能够在相关的网站上免费下载。

6.3.5 热线电话

设立专门的城市轨道交通施工期间交通疏解热线电话,公众在遇到出行困难或者对施工方案有意见和建议时可以随时拨打电话,反馈情况,增加与公众的互动性。

6.3.6 动态信息显示牌

在施工区前300mm处设立滚动信息显示牌,将最新的路况信息以及行车路线等信息滚动播出,给公众足够的反应时间选择合适的路径出行。

6.3.7 定时召开新闻发布会

定时召开新闻发布会是一种主动利用新闻媒体的经济有效的宣传方式。通过定时召开新闻发布会,可以把城市轨道交通施工的方案、进展、影响和交通疏解最新措施通过新闻媒体及时传递给公众。

6.3.8 手机

手机属于新媒体的一种,具备信息扩散速度快、传播范围广、形式丰富、互动性强等独特优势。手机的传播交流特点使传播者和受众之间的界限变得模糊,用户拥有自由发表意见的平台,表达渠道大大拓展,人人都是信息接收者,同时又是信息传播者。充分利用手机媒体的优势,能够以较低的成本取得较好的宣传效果。

各种宣传途径的特点见表6-1。

不同宣传途径的特征 表6-1

序号	宣传途径	目标受众	优势	需要注意的问题	宣传时机	成本
1	电视	①旅客 ②本地驾驶员 ③大多数公众	①在同一时间宣传范围较广 ②影响比较大	只针对当地的驾驶员	①施工前 ②施工中	高
2	网站	①旅客 ②大多数公众	①获得实时信息 ②便于获取施工项目的全部资料 ③便于随时更新信息	①受影响的公众必须时刻关注 ②不能宣传到全部受影响的公众 ③信息必须准确并且实时更新 ④成本不确定 ⑤需要设备收集数据	①施工前 ②施工中	中
3	广播	①旅客 ②本地驾驶员 ③通勤者	①在同一时间宣传范围较广 ②对听广播的人比较有效果	目标群众主要为本地驾驶员	①施工前 ②施工中	中

续上表

序号	宣传途径	目标受众	优势	需要注意的问题	宣传时机	成本
4	印刷材料	①本地驾驶员 ②乘客 ③商业驾驶员 ④居民	①成本低 ②容易发放	①信息更新不及时 ②通常只针对本地驾驶员 ③必须以驾驶员习惯阅读信息的方式进行设计	①施工前 ②施工中	低
5	热线电话	①潜在旅客 ②通勤者	①需要信息时随时可以咨询 ②驾驶员可以通过电话进行反馈 ③便于随时更新信息	①信息必须实时更新 ②公众需要知道热线电话号码 ③热线电话不是在所有地区都有效	施工中	中
6	电子邮件	①潜在旅客 ②通勤者 ③乘客 ③商业驾驶员	①成本低 ②在同一时间宣传范围较广	①仅限于注册服务的用户 ②需要确定发送邮件提醒的标准	施工中	低
7	新闻发布会	①本地驾驶员 ②居民 ③企业 ③公职人员 ④地方机构	①拉近与公众的距离 ②提升公众对施工的认同及支持度 ③给公众发表自己观点的机会	①需要确定发布会合适的观众 ②需要做承诺	①施工前 ②施工中	低
8	手机	大多数公众	①扩散速度快 ②传播范围广 ③互动性强	对手机不熟悉的人有一定局限性	①施工前 ②施工中	低
9	动态信息显示牌	路上的驾驶员	①直接向受施工影响的驾驶者提供信息 ②可以提供绕行信息	①信息要简洁明了 ②标志必须妥善放置 ③信息应该准确且具有实用性	施工中	中
10	视频短片	所有公众	①可以介绍不同施工阶段的情况 ②可以展示施工细节 ③可以在不同地点展示	①花费较高 ②信息过时比较快 ③拍视频前准备工作较多	①施工前 ②施工中	高

案例篇

第 7 章　贵阳市城市及交通现状

贵阳市城市轨道交通 2 号线为南北—东西—南北向骨干线,分为一、二期工程,全长 39.54km。一期工程线路全长 27km,共设置 23 座车站,平均站间距 1.2km,其中共 4 座换乘站。二期工程全长 12.54km,共设车站 7 座。2015 年 9 月,贵阳市城市轨道交通 2 号线一期工程土建工程开工,建设工期为 4 年 6 个月。在 2014 年 12 月底,完成了贵阳市城市轨道交通 2 号线一期工程施工期间的交通疏解策略制订工作。

7.1　城市社会经济现状

7.1.1　社会经济

改革开放以来,贵阳市经济发展迅速,特别是在 1998 年后,年平均增长速度达到 16.15%,明显高于 8%~9% 的全国平均水平,目前正是贵阳社会经济发展的黄金时期。据初步统计,2014 年,全年实现生产总值 2497.27 亿元,比上年增长 13.9%。分产业看,第一产业增加值 108.02 亿元,增长 6.6%;第二产业增加值 976.59 亿元,增长 13.9%;第三产业增加值 1412.66 亿元,增长 12.6%。三次产业结构为 4.3∶39.1∶56.6;全年完成财政总收入 654.69 亿元,比上年增长 16.1%;地方财政一般预算收入 331.60 亿元,比上年增长 19.6%。城市居民人均可支配收入 24961 元,比上年增长 6.5%;农民人均纯收入 10826 元,比上年增长 10.0%。贵阳是当时全省唯一人均生产总值超过万元的城市,在全省经济发展中有相当的比较优势和区域首位度。贵阳市历年经济发展状况如图 7-1 所示。

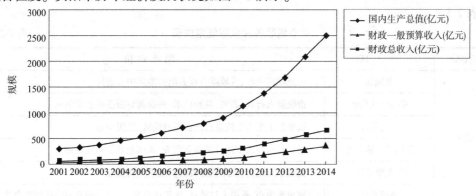

图 7-1　贵阳市历年经济发展状况图(单位:亿元)

2014年,三次产业结构比与2013年相比,第一产业在GDP中的比重提高0.4个百分点,第二产业下降1.6个百分点,第三产业比重上升1.2个百分点,产业结构呈现三、二、一的局面,并趋于稳定,形成了经济增长由三、二产业共同推动的发展新格局。今后贵阳市将坚持以经济建设为中心,以建设生态文明市为目标,大力发展循环经济和生态产业,努力提高服务业比重,促进三、二、一的产业结构形成。贵阳市产业结构发展状况如图7-2所示。

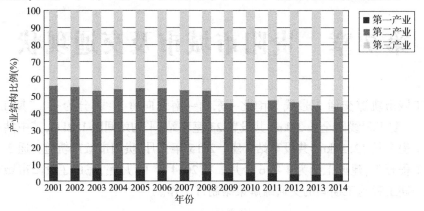

图7-2 贵阳市产业结构发展状况

7.1.2 城市规模

1) 人口规模

至2014年,贵阳市全市常住人口已经达到453.90万人,全市常住人口中,居住在城镇的人口为333.50万人,占73.20%;居住在乡村的人口为122.10万人,占26.80%。

2) 用地规模

市域总面积8043km²。贵阳市城区包括老城区和外围龙洞堡、二戈寨、小河、花溪、新天、白云、三桥、观山湖区8个片区,面积约495km²。

7.1.3 功能布局

中心城区主要由10个功能片区组成,包括老城区、观山湖区新、白云片区、三桥马王庙片区、二戈寨片区、小河片区、花溪组团、新天组团、龙洞堡组团、沙文组团。各片区职能定位见表7-1。

中心城区各片区职能定位表　　　　　　　　　　　表7-1

区域划分	片区	职能定位
主城区	老城区	传统城市中心、区域综合服务职能聚集中心地区
	观山湖区新区	市级新兴行政、商贸、高新技术、科研教育服务功能聚集区
	白云片区	以铝加工业为主的重点产业发展地区、区级中心
	三桥马王庙片区	结合新兴交通枢纽发展商贸服务、承接老城区居住转移
	二戈寨片区	交通枢纽地区,利用铁路资源发展现代物流业
	小河片区	城市次中心、承接人口转移、国家级开发区,以发展新型装备制造业为主

续上表

区域划分	片区	职能定位
外围组团	花溪组团	以休闲旅游、教育服务、居住为主
	新天组团	高新技术产业发展地区、区级中心
	龙洞堡组团	以枢纽机场为依托的高新技术产业发展区、区级中心
	沙文组团	高新技术产业区,承接观山湖区产业转移

7.2 城市交通现状

7.2.1 交通设施现状

1) 道路网络

截至 2014 年年底,贵阳城区的道路总长度约 390km,道路面积约 1314.3 公顷,道路面积率约为 9.66%,与国家推荐指标相比(8%～15%)处于较低水平。城区道路密度约为 2.86km/km^2,低于规范要求。快速路、主干路、次干路与支路的级配构成为 0.9:1.0:0.85:1.63(见表 7-2),可以看出低等级道路的比例明显偏低,次干路、支路明显不足,特别在老城区表现得相当突出,主干路、次干路及支路的比例为 1:0.84:1.43,次干路、支路通行能力有限,造成大量交通流集中于主要干道。

贵阳城区道路指标(km/km^2)　　表 7-2

公路等级	老城区	观山湖区	白云	新天	龙洞堡	三桥	小河	花溪	规范推荐
快速路	0.32	0.13	0.41	0.88	1.03	0.71	0.59	1.26	0.3～0.4
主干路	0.66	2.06	0.79	1.13	—	—	0.08	0.34	0.8～1.2
次干路	0.56	0.75	0.92	0.39	—	0.17	0.47	0.72	1.2～1.4
支路	0.95	—	1.9	2.41	0.85	0.36	1.08	0.29	3.0～4.0

由于自然山体的阻隔,贵阳城区的用地呈现跳跃式发展。现状"老城区+外围组团"的城市结构和用地模式决定了其路网结构为"方格网+对外放射"形式。老城区的道路网络由于地形原因形成了兼有自由式风格的方格网,北京路、延安路、中山路、都司路、神奇路和解放路构成老城区东西交通的主骨架,而枣山路、瑞金路、中华路、遵义路和宝山路构成南北向的主骨架,其他组团道路网络均根据横穿的联系干道进行布局。

2) 停车设施

截至 2014 年,贵阳市机动车拥有量已超过 90 万辆,但停车泊位供给仅有 6.02 万个,在泊位供给中还有 1.56 万个属于路侧停车,反映出停车设施供给严重不足,在仅有供给空间还需占用道路资源,无疑加重路网的交通压力。

3) 车辆发展

贵阳市机动车发展呈逐年增长的趋势。2014 年,贵阳市机动车保有量为 89.9 万辆,比 2013 年增长了 13.08%。从贵阳市各区县机动车统计数据来看,机动车的拥有仍然集中在老城区(云岩、南明),占全市机动车保有量的 57.8%,远远高于其他区县。

4) 对外交通

通过对贵阳城市经济圈区域交通运输需求分布的分析,结合市域重要交通设施的布局,可以确定对外交通走廊,如图 7-3 所示。其中,贵阳市域范围内的过境与对外交通呈现"一环、一横、七射"走廊分布形态,主要包括环贵阳中心城区经济产业带"一环"走廊,市域北部的黔西—息烽—开阳—瓮安"一横"走廊,与周边城市和地区交通联系的贵阳—息烽—遵义、贵阳—开阳—遵义、贵阳—瓮安、贵阳—凯里和都匀、贵阳—惠水、贵阳—安顺、贵阳—黔西"七射"走廊。

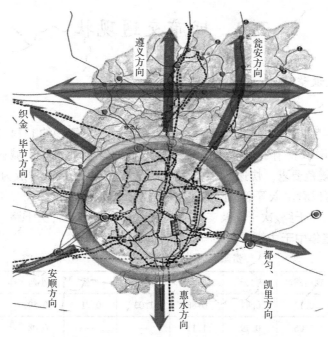

图 7-3　贵阳市域过境与对外交通走廊分布示意

贵阳市公路网已经形成由贵遵、贵黄、贵新以及西南、西北环线组成的"一环三放"的公路主骨架。在公路系统与城市交通系统衔接的过程中,公路或高等级公路均直接与老城区核心地区的道路网络相衔接,对疏解过境交通存在不利影响。

现状主要对外出入口:

①北向(遵义方向):贵遵、G210。

②东北(瓮安方向):S305。

③东南(都匀、凯里方向):贵新、G210。

④南向(惠水方向):S101。

⑤西南(安顺方向):贵黄、清黄、S102。

⑥西北(织金、毕节方向):S307、贵毕。

7.2.2　居民出行特征

1) 出行次数

根据 2008 年的居民出行调查,贵阳市居民(包括调查的暂住人口)日平均出行次数为

2.61次,其中,有出行人口的日平均出行次数为3.08次。与其他城市相比,贵阳市的居民日出行次数处于较高水平,主要是由于目前城市规模不大。

2)出行方式

老城核心区、观山湖新区及其他组团的各种出行方式的组成比例见表7-3。从中可以看出,无论在中心城区还是在观山湖新区和白云区等市郊区域,步行和公交都是居民出行的主要交通方式,两者比例之和超过80%。与中心城区相比,其他组团的步行出行比例较高,可归结为市郊区域的公交线路的覆盖率较低,故而公共汽车的方式分担率与市中心相比偏低。

不同区域的出行方式构成 表7-3

出行方式	出行方式构成(%)		
	老城核心区	观山湖区新区	其他组团
步行	42.79	31.24	60.68
自行车	0.50	0.43	0.63
电动自行车	0.68	1.24	0.80
摩托车	0.34	0.54	1.56
出租车	1.68	1.99	0.56
公共汽车	42.80	51.91	20.81
私人小汽车	8.30	10.99	11.51
单位小汽车	0.96	0.34	0.52
单位客车	1.85	0.80	2.71
县际客车	0.01	0.27	0.09
其他	0.10	0.24	0.13

3)出行目的

根据2012年的居民出行调查结果,以回家为目的的出行占总出行的比例为45.30%,与2008年回家出行的比例相差0.37%;工作出行的比例为24.65%,比2008年上升了0.12%。各种出行目的的出行比例见表7-4。由表中数据可知,两次调查的出行目的构成几乎没有变化,各个出行目的的出行比重绝对值变化不超过0.37%,因此可以认为4年间贵阳居民的出行目的比重未发生改变。工作、上学、回家出行目的的比例之和接近80%,因此贵阳市出行主要是通勤出行。

调查出行目的构成 表7-4

出行目的	出行目的构成(%)	
	2008年	2012年
工作	24.53	24.65
上学	8.96	8.62

续上表

出行目的	出行目的构成(%)	
	2008年	2012年
回家	45.67	45.30
回工作地	1.77	1.65
购物	7.82	7.96
餐饮娱乐	2.68	2.78
旅游度假	0.21	0.28
就医(探病)	0.60	0.68
公务(商务)	1.90	1.92
探亲访友	2.08	2.28
其他	3.80	3.90

4) 出行时耗

贵阳市老城核心区、观山湖区新区及其周边组团区域居民出行时耗存在较大差异,其中观山湖区新区居民的各类出行目的出行时耗较其他区域长,主要原因是观山湖区新区进行大面积的开发,但相关设施不完善,造成居民出行时间长。不同出行目的不同区域的平均出行时耗见表7-5。

不同出行目的不同区域的平均出行时耗 表7-5

出行目的	平均出行时耗(min)		
	老城核心区	观山湖区新区	其他组团
工作	38.18	50.79	27.00
上学	33.24	34.64	24.06
回家	41.68	59.21	28.41
回工作地	32.21	64.80	22.48
购物	31.65	55.14	27.03
餐饮娱乐	38.35	40.98	15.90
旅游度假	90.68	92.38	38.00
就医(探病)	44.20	58.01	27.86
接送小孩	29.57	39.15	24.94
公务(商务)	36.20	53.95	27.65
探亲访友	46.72	67.80	27.20
其他	36.45	53.36	39.42

2012年贵阳市居民消耗在回家路上的时间比2008增加了19.47%,主要原因是城市经

济发展,部分企业和政府机构迁出主城区,带来大量的通勤交通问题。2008、2012 年两次调查各出行目的出行时耗比较见表 7-6。

2008 年、2012 年两次调查各出行目的出行时耗比较　　　　表 7-6

出行目的	2008 年平均出行时耗(min)	2012 年平均出行时耗(min)	增幅(%)
工作	37.62	38.16	1.44
上学	32.01	32.52	1.60
回家	35.49	42.40	19.47
回工作地	37.77	35.03	-7.26
购物	29.66	34.10	14.96
餐饮娱乐	36.05	36.51	1.26
旅游度假	55.65	90.55	62.72
就医(探病)	36.5	45.40	24.38
接送小孩	—	30.07	—
公务(商务)	41.21	38.26	-7.16
探亲访友	51.64	48.99	-5.12
其他	29.57	38.17	29.09

根据调查统计结果,城区居民的平均出行时间为 31.4min。出行时间在一小时内的占 80.6%,而 2001 年为 91.1%,表明长距离的出行比重在逐渐增加。

5)出行时间分布

贵阳市老城核心区、观山湖区新区和其他组团居民出行时间的分布如图 7-4 所示。由图 7-4 可知,三类不同区域的居民出行时间分布较为一致,出行早晚高峰时间段分别为 7:00—9:00 和 17:00—18:00,其中其他组团在中午时分出现了一个出行小高峰。观山湖区新区早高峰特征较其他两类区域更为明显,其 7:00—8:00 时段的出行次数占全天出行次数的 22.6%,而老城核心区及其他组团的这一比例分别为 18.71% 和 19.08%。

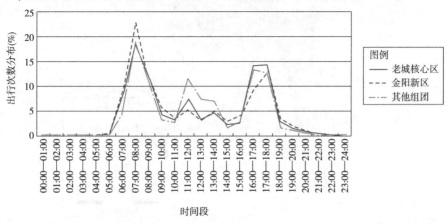

图 7-4　不同时间段的出行次数分布图

通过比较2008年与2012年的出行调查数据,2012年贵阳市居民早晚高峰出行时间都提前了。早高峰出行的比例比2008年约增加了3.3%,而晚高峰比2008年提前1h,晚高峰持续时间为2h,具体如图7-5所示。

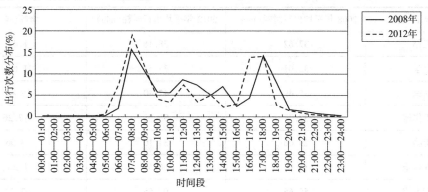

图7-5 两次调查出行时间分布比较

6) 出行空间分布

贵阳市居民出行空间分布如图7-6所示。由图7-6可看出:老城区仍然是居民出行的核心,出行量占城区范围出行总量的76%,但居民的出行不再局限于以组团内部为主,跨组团间的出行开始增多,特别是老城区与外围组团间的联系日益紧密。老城区与观山湖区新区、三桥区、龙洞堡、二戈寨、小河居民出行量较大,对连接的通道带来巨大的交通压力。跨组团间的出行增加了主城区穿越交通量,对主城区交通组织带来很大影响。

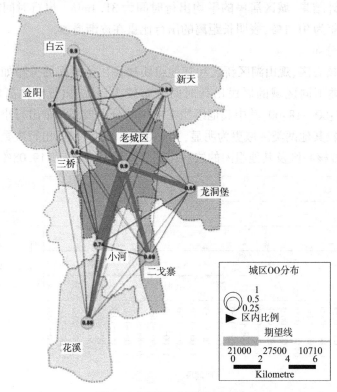

图7-6 贵阳居民出行空间分布

7.2.3 城市公共交通现状

1)公交客运量

贵阳公交系统现状以常规公共交通为主体,中小巴士、出租车等辅助交通工具基本覆盖建成区范围。2012 年,贵阳市公交公司完成客运量 6.70 亿人次,日均客运量 183.30 万人次。总体来看,贵阳市公交历年完成客运量人次呈增长的趋势,特别是近五年增幅较大,年均增长率达到了 9.9%。2012 年,贵阳公交公司拥有运营公共汽车 3309 辆。2000—2012年,贵阳市公交车辆发展状况如图 7-7 所示。

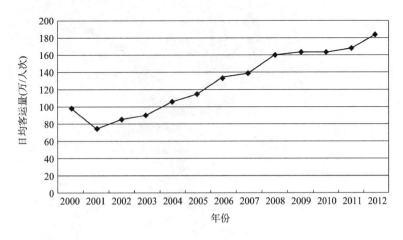

图 7-7 贵阳市历年公交客运量发展图

2)公交线路

截至 2013 年,贵阳公交公司拥有公交线路达 171 条(见图 7-8),其中市区 144 条(普巴 81 条,社区公交 14 条,夜间 9 条,迷你巴士 9 条,专线 3 条,中高级快巴 28 条),郊区 27 条。

3)公共交通走廊

在城市发展现状中,主要的商务、办公、商业金融等单位大都分布在如中华路、延安路、宝山路、北京路等主要干道两侧。因此,主要干道不仅承担着大量机动交通需求,其两侧也集中了大部分就业岗位,由此形成了各片区内的主要客流走廊。同时,往来于老城区和外围主要发展片区间的客流也在老城区的主要对外联系通道上形成了片区间联系的主要公交走廊。

(1)现状老城区主要公交走廊

①黔灵公园—枣山路—客车站—浣纱路—解放路—服务大楼—火车站走廊。

②宅吉小区—市北路—中华路—新华路—解放路走廊。

③客车站—延安路—瑞金路—神奇路—市南路—油榨街走廊。

④客车站—枣山路—北京路—宝山路走廊。

(2)市区现状主要公交走廊

①小河—沙冲路—火车站—中华路。

②新天—新天大道(贵开路)—北京路—中华路走廊。

③白云—观山湖区—三桥—二桥—客车站—延安路—宝山路走廊。
④花溪大道—都司路—中华路走廊。
⑤龙洞堡—东出口路—都司路—中华路走廊。

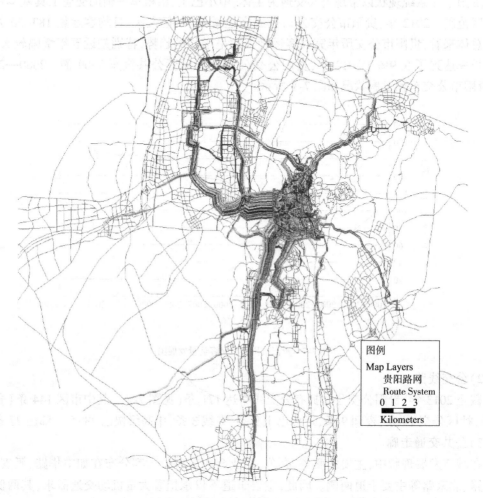

图7-8 贵阳中心城区现状公交线路分布

7.2.4 城市交通需求管理现状

贵阳从2011年开始实施"两限政策"(摇号上牌、车辆限行),并于2014年进行了调整。

1) 小型客车限行措施

①贵阳市籍牌照及办理长期行驶登记所有小型客车工作日一环路内实施尾号限行。

②非贵阳市籍牌照小型客车一环内实施"开三停五"的限行措施。

③不受限对象:特种车辆,城市公交、出租及公路客运车辆,邮政专用车及喷涂有统一外观标识的行政执法车和城市专项作业、保障车辆。

2) 货车禁行措施

①微型货车、轻型货车:每日7:00—22:00,禁止驶入一环路(含一环路)以内各条道路。

②重(中)型载货汽车、工程车、特种货物运输车以及其他悬挂黄牌的非载客汽车:每日00:00—24:00时,禁止驶入三环路以内(不含三环路)各条道路。

3)汽车限购措施

新登记的小客车将实行新号牌核发规定。新号牌分两类:第一类是小型客车专段号牌,准许驶入所有道路,该类号牌实行配额管理制度,每月2000辆;第二类是普通号牌,禁止驶入一环路(含一环路)以内道路,核发数量不受限制。

"两限政策"实施以来,有效遏制了贵阳市老城区交通恶化态势,同时也为减少机动污染排放,为改善城市空气环境做出了重大贡献。政策实施后,老城区再未出现大面积交通拥堵的现象,交通总体稳定运行,在保障百姓交通出行的同时,也保障了贵阳生态会议国际论坛等重大活动的顺利举办,保证了城市轨道交通等城市交通缓堵治本之策的顺利实施,为贵阳市"强身健体",实现城市交通可持续健康发展赢得了时间,得到全社会的充分肯定。

7.2.5 交通运行现状评价

交通运行现状的评估包括路网车辆平均行驶速度、路网流量及服务水平。

1)路网车辆平均行驶速度

2014年,贵阳市整个老城区交通拥堵仍然严重。早晚高峰平均行程车速都为10km/h(见图7-9和图7-10),平均车速低于自行车车速。受贵阳市城市轨道交通1号线施工影响,整体车速及大部分路段车速均低于2012年的行程车速(见图7-11),其中北京路及中山路车速下降明显,站点施工附近路段车速均低于5km/h。另外,整体交通系统通行能力较为脆弱,天气及局部交通事故都易导致路段道路行程车速低于步行速度。

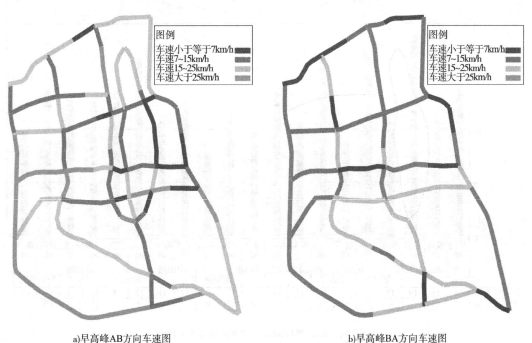

a)早高峰AB方向车速图　　　　　　　　b)早高峰BA方向车速图

图7-9　2014年9月老城区早高峰车速图

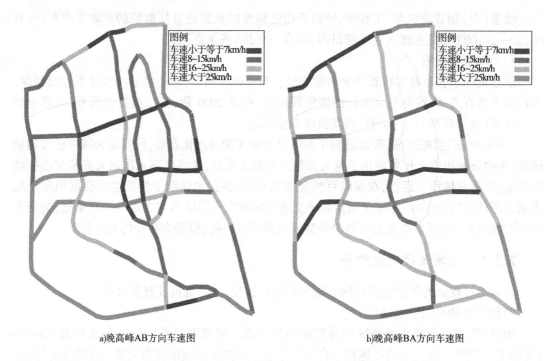

a) 晚高峰AB方向车速图　　　　　b) 晚高峰BA方向车速图

图 7-10　2014 年 9 月老城区晚高峰车速图

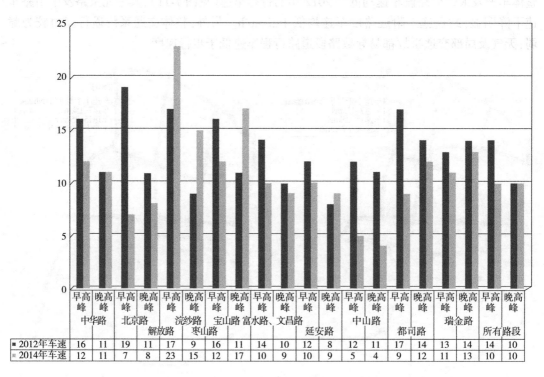

图 7-11　2012 年与 2014 年主要路段车速对比

2) 路网流量及服务水平

受城市轨道交通 1 号线施工影响,北京路、枣山路、浣纱路、延安路、中山路、宝山路、瑞金路、中华路等部分路段流量较大,道路服务水平较低,交通较为拥堵。在所有的主干道中,D级及以下服务水平的路段占到60.71%。在城市轨道交通1号线北京路站、延安路站及中山路站附近路段,服务水平趋于F级,经过该路段附近主要交叉口需要等待三四个以上的信号灯。贵阳老城区路段工作日高峰交通状况不容乐观,局部非常拥堵,如图7-12和图7-13所示。

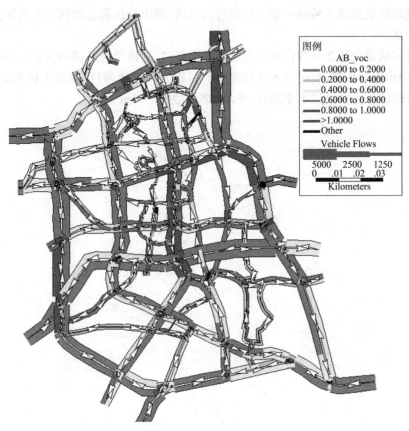

图7-12 贵阳老城区早高峰路网交通状况示意图

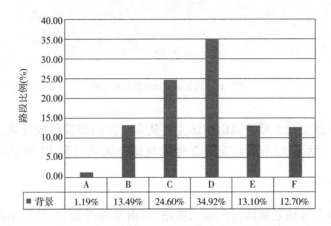

图7-13 贵阳老城区主干道不同服务水平路段比例

7.3 城市轨道交通2号线一期工程沿线土地利用

7.3.1 线路走向

贵阳城市轨道交通2号线一期工程经过白云区、观山湖区和老城区三个区域。

1)白云区

贵阳城市轨道交通2号线白云区段起于七机路口站,南至金岭路站,线路主要沿白云北路南行,经尖山路后折向西,过白云区行政中心后沿云峰大道南行,如图7-14所示。城市轨道交通2号线白云区共设置5个站点,平均站距约为1.33km。

图7-14 白云区城市轨道线路走向

2)观山湖区

贵阳市城市轨道交通2号线观山湖区主要从金岭路站南段区间开始,终于三桥站及东侧区间,如图7-15所示。城市轨道交通2号线观山湖区共设置10个站点,平均站距约为1.4km。

3)老城区

城市轨道交通2号线老城区段西起二桥站,东南至油榨街站,线路主要沿头桥路、延安中路、宝山北路及宝山南路布设,如图7-16所示。城市轨道交通2号线老城区段共设置8个站点,分别为二桥站、浣纱路站、紫林庵站、延安路站、阳明祠站、省医站、观水路站、油榨街站,平均站距约为1.4km,站点所处位置大多为交叉口处。

图7-15 观山湖区城市轨道交通线路走向

图7-16 老城区城市轨道交通线路走向

7.3.2 沿线土地利用现状

1)白云区

白云区开发尚未成熟,轨道沿线以农地和村镇用地为主,如图 7-17 所示。主要干道有绕城高速西北段、云环路、白云路、云峰大道、同心东路、白金大道,次支路主要为育才路、南湖路等。

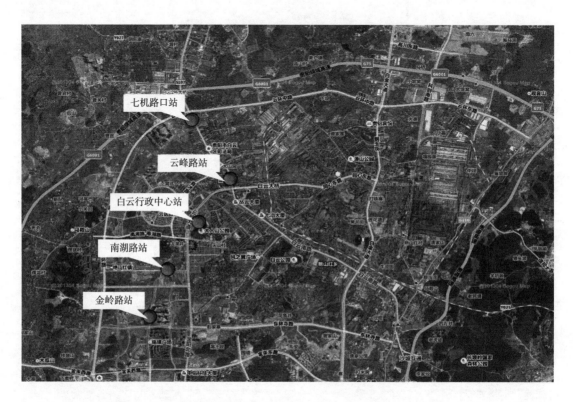

图 7-17 白云区土地利用现状

2)观山湖区

城市轨道交通线路途径观山湖区沿线土地开发强度整体较低,土地利用形式主要以农田以及村落用地为主。

3)老城区

老城区轨道沿线土地开发强度整体较高,土地利用形式主要以居住、商业、商务办公、教育等为主。比如,老城区紫林庵站—延安路站两侧开发强度较高,用地以居住为主,兼有部分商业、商务办公用地,如图 7-18 所示。

图 7-18　老城区紫林庵站—延安路站沿线土地利用现状

7.4　城市轨道交通 2 号线一期工程沿线交通现状

7.4.1　城市轨道交通沿线道路功能分析

1）白云区

白云区城市轨道交通沿线道路主要包括东西方向和南北方向道路，如图 7-19 所示。其中，东西方向有建安路、健康路、朝阳路、南湖路、尖山路、龙井路，南北方向道路有白云北路和云峰大道，环路有云环路、中环路。

(1) 建安路

建安路东接铝兴路，西止于白云北路，规划道路红线宽度 27m，现状道路人车混行，两侧路边停车较多，路面空间基本能够满足车辆双向通行。

(2) 健康路

健康路为一条片区支路，现状路侧停车较多，道路剩余空间基本满足车辆双向通行，机非混行。

(3) 朝阳路

朝阳路为片区支路，规划道路红线宽度 12m，现状道路两侧停车较多，道路剩余空间仅能满足单向机动车通过。

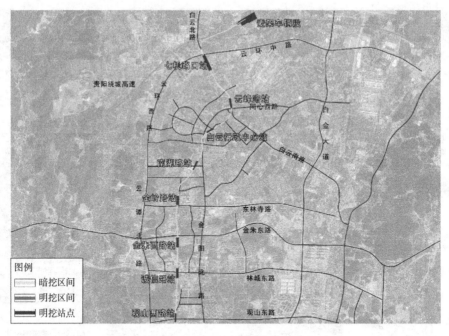

图 7-19　白云区城市轨道交通沿线路网

(4) 南湖路

南湖路为白云区次干路,规划道路红线宽度 30m,现状道路双向 4 车道,中央绿化隔离,人行道与机动车道之间绿化隔离。

(5) 尖山路

尖山路规划道路红线宽度 20m,起于云峰大道向东北延伸至白云南路,现状因白云行政中心站施工,该条道路局部路段被全部围挡,无车辆通行条件。

(6) 龙井路

龙井路为一条东西向支路,东起云峰大道,西至云潭北路,规划道路红线宽度 25m,由于道路南侧为二手车交易市场,因此道路两侧停车较多。

(7) 白云北路

白云北路北起麦架镇附近,规划红线宽度 40m,双向 6 车道,中央绿化隔离。现状道路局部围挡进行地勘。现状白云北路与云环中路交叉口正在进行施工,云环中路以北路段与云环路相接处无机动车通行条件。

(8) 云峰大道

云峰大道为金阳北路的北延段,是城市主干路,规划道路红线宽度 5m,双向 6 车道,中央绿化带隔离,现状交通量比较大。

(9) 云环路

云环路也是一条呈椭圆形的环路,是城市的一条主干道,规划道路红线宽度 40m,双向 6 车道,中央绿化带隔离。

(10) 中环路

中环路大致呈一个椭圆形,规划红线宽度 30m,环绕白云区政府,现状道路双向 4 车道,中央绿化隔离,人行道与车道之间绿化隔离。

2）观山湖区

观山湖区轨道沿线道路主要包括东西方向和南北方向道路，如图7-20所示。其中，东西方向道路有观山西路、兴筑路、龙瑞路、翠柳路、北京西路、茶园路；南北方向道路有龙泉苑街、野鸭街、百花大道、诚信南路。

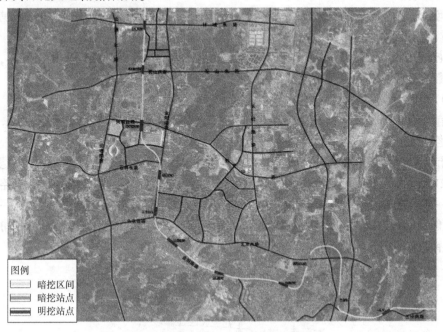

图7-20　观山湖区城市轨道交通沿线路网

（1）观山西路

观山西路西起宾阳大道，东至金阳南路，为观山湖区新区东西向主干道，规划道路红线60m，机动车双向8车道，中央绿化带隔离。由于观山西路站的施工，现状观山西路与诚信南路交叉口处缩减为5车道。

（2）兴筑路

兴筑路为一条东西向城市道路，规划红线宽度60m，双向6车道，中央绿化带隔离。

（3）龙瑞路

龙瑞路东接福州路，西至金阳南路，为一条支路，道路两侧用于停车使用，道路剩余空间双向2车道，中央画线隔离。

（4）翠柳路

翠柳路为一条东西方向的单行道，道路断面有4条车道，东起金阳北路，西接奥兴路，现状交通量较少。

（5）北京西路

北京西路在与金阳北路相交处下穿金阳北路，现状该下穿隧道已经建成通车。北京西路与金阳北路相交处地面正在进行立交施工。

（6）茶园路

茶园路为一条东西向支路，东起金阳南路，西接野鸭街，现状道路宽度约为7m，路面条件较差，人车混行。

(7) 龙泉苑街

龙泉苑街西起金阳南路东至金源路,北至黔灵山路,为双向4车道,道路两侧用于停车,道路中央隔离栏隔离。

(8) 野鸭街

野鸭街现状路面宽度约为7m,基本满足2车道通行需求,局部路段路面条件较差。

(9) 百花大道

百花大道北起北京西路,南止金阳南路,道路路面较宽,现状道路两侧用于停车,剩余空间基本能够满足4车道车辆通行。

(10) 诚信南路

诚信南路规划道路红线宽度50m,双向4车道,中央画线隔离,现状交通量较小。

3) 老城区

城市轨道交通2号线老城区段经过东西向延安路及南北向宝山路两条城市主要干道,如图7-21所示。延安西路是二桥、三桥、马王庙片区进出老城区的主要通道,宝山路是老城区东侧一环。老城区段主要道路有一环路、东西向主干道、南北向主干道。其中,一环包括宝山路、解放路、浣纱路、枣山路;东西向主干道包括延安路、中山路、都司路,东西向次干道观水路;南北向主干道包括瑞金路、中华路。

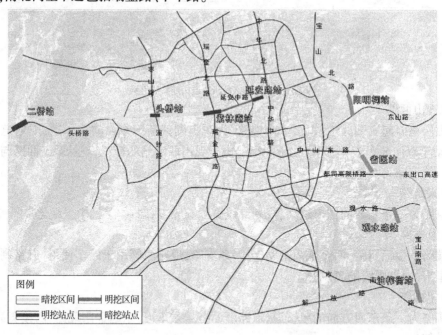

图7-21 老城区城市轨道交通沿线路网现状

(1) 宝山路

宝山路北接新添大道,南止油榨街(市南路),为一环路的东环线,具有双重交通功能。中山东路以北为宝山北路,以南为宝山南路,规划道路红线宽60m,其中都司路以北主道双向4车道,外加1条潮汐车道,以南主道双向5车道,辅道均为双向两车道,主道部分中央用隔离栏隔离,部分画线隔离,主辅绿化带隔离。沿线与多条城市主次干道相交,由北向南依次主要与延安东路、中山东路相交,穿都司路、观水路、市南路。

宝山路沿线有多条公交线路运行,行人过街设施主要为人行天桥和地下通道,整条道路交通量较大,高峰期交通运行状况较差,服务水平较低,交通拥堵现象较为严重。

(2)延安路

延安路西接头桥路,东止宝山北路,为贵阳市东西向主干道之一,具有双重交通功能。道路红线40米,大部分路段双向6车道,中央绿化隔离,与浣纱路衔接处主线高架,双向4车道,整个路段交通量较大、交通运行状况较差,交通拥堵,道路服务水平较差。沿线有多条公交线路运行。沿线过街设施多为天桥或地下通道。沿线与多条主次支路相交,由东到西依次有宝山北路、友谊路、文昌北路、三民东路、陕西路、富水路、中华路、瑞金路、山林路、市西路、枣山路、浣纱路等。

(3)中华路

中华路北接市北路,南接新华路,为贵阳市区重要的南北向主干道,具有双重交通功能。整个路段道路红线宽度不一致,中间段(都司路与延安路间)红线宽度为36m,其余路段红线宽度为40m。北京路以北路段为双向4车道,中央双黄线隔离;沙河街至北京路路段为西侧3车道,东侧4车道,中央隔离栏隔离;沙河街至省府路路段为双向8车道,中央隔离栏隔离;省府路至中山路路段为双向6车道,中央隔离栏隔离;中山路至都司路路段为西侧4车道,东侧3车道,中央隔离栏隔离;都司路至新华路路段为双向6车道,其中都司路至遵义路段为中央隔离栏隔离,遵义路至中华路路段为中央绿化隔离。路段目前平峰时段交通运行状况良好,沿线有多条公交线路通过。

(4)都司路

都司路西起浣纱路,东止宝山北路,为城市东西向主干道,具有双重交通功能。整个路段断面变化较为复杂,大部分路段由高架+地面层组成,部分路段具有双重交通功能,地面段双向8车道,高架段双向2车道,外加1条潮汐车道。瑞金路以西路段道路红线50m,瑞金路以东路段道路红线40m,中华路以东路段中央绿化和隔离栏隔离,中华路以西路段中央隔离栏隔离,瑞金南路至浣纱路路段为绿化隔离。路段交通量较大,交通运行状况较差,服务水平较低,高峰期间拥堵现象较为显著。沿线与多条城市主次支路相交,由东向西依次为宝山路、中华路、公园路、瑞金路、浣纱路。沿线运行公交线路较少,行人过街设施较为多样,有地下通道、人行天桥以及平面。

(5)瑞金路

瑞金路北接黔灵山路,南连市南路,为南北和东西向主干道,具有双重交通功能,道路红线40m,机动车双向6车道,中央绿化隔离,与北京路交叉处采用主线高架,高架层双向4车道,路面层双向6车道。高峰期间部分路段拥堵现象较为显著。沿线与多条城市主次支路相交,由北向南依次为北京路、北新区路—环城北路、威清路—黔灵西路、延安西路—延安中路、市西商业街—中山西路、都司高架、贵惠路—文化路、遵义路、关兴路、新华路等,与北京路相交处采用主线高架的工程措施。沿线行人过街设施大多为地下通道及人行天桥。

7.4.2 沿线公共交通现状

1)白云区

白云区沿线公交主要集中在白云北路和白云中路上,见表7-7。白云北路上分别有两个站点,即白云公安分局站和云环路口站,1条线路经过白云公安局站,9条公交线路经过云环路口站;白云中路有一个站点(健康路口站),其中有11条公交线路经过该站。

白云区城市轨道交通沿线公共交通线路统计表　　　　　　　　表7-7

道路名称	站　点	站点数	公交线路数
白云北路	白云公安分局站	2	1
	云环路口站		9
白云中路	健康路口站	1	11

2)观山湖区

观山湖区沿线公交线路主要集中在金阳南路,见表7-8,主要的公交站点是金阳医院站、贵阳普天站和柏林场站。其中,金阳医院站位于金阳南路与石林东路交叉口附近,共计17条线路;贵阳普天站位于金阳南路和野鸭街交叉口附近,共计11条公交线路;柏林场站位于金阳南路上,靠近金鸭村附近,共计5条公交线路。

观山湖区城市轨道交通沿线公共交通线统计表　　　　　　　　表7-8

道路名称	路　段	站点数	公交线路数
金阳南路	金阳医院站	3	17
	贵阳普天站		11
	柏林场站		5

3)老城区

老城区轨道沿线公交线路分为两部分。

(1)头桥路、枣山路、浣纱路、威清路

头桥路、枣山路、浣纱路、威清路沿线共设置5对公交站点,68条公交线路运行,见表7-9。其中,威清路路段上运行的公交线路最少,仅为1条,头桥路路段上运行的公交线路最多,多达29条。

头桥路、枣山路、浣纱路、威清路沿线公交线路汇总表　　　　　　　　表7-9

道路名称	路　段	站　点	公交线路数
头桥路	头桥路—海马冲路	头桥站	29
枣山路	枣山路—黄金路	枣山路站	17
		威清路口站	10
威清路	威清路—黄金路	威清路站	1
浣纱路	浣纱路—延安西路	浣纱桥站	11

(2)延安西路、山林路、瑞金中路、延安中路

延安西路沿线设有5对公交站点,有多条公交线路运行,运行线路多达73条,见表7-10。其中,延安西路老客运站运行的公交线路最多,多达27条;山林路—威清路交叉口周边设有2个站点,分别为山林路站和山林路口站,共计11条公交线路;瑞金中路与延安路交叉口的北

边和南边分别设有紫林庵(北)站和紫林庵(南)站,共计 20 条公交线路;延安中路—合群路段分别设有紫林庵(东)站、喷水池站和喷水池(西)站,共计 26 条公交线路。

延安西路、山林路、瑞金中路、延安中路沿线公交线路汇总表　　　　表 7-10

路　段	站　点	站点数	公交线路数
延安西路	延安西路站	5	17
	延安西路(老客站)站		27
	延安西路(西)站		6
	紫林庵站		5
	紫林庵(西)站		18
山林路	山林路站	2	6
	山林路口站		5
瑞金中路	紫林庵(南)站	2	12
	紫林庵(北)站		8
延安中路	紫林庵(东)站	3	13
	喷水池站		8
	喷水池(西)站		5

7.4.3　行人过街设施及流量

通过现场调研发现,老城区行人过街需求量较大,而观山湖区以及小河区行人过街需求较小,因此行人过街设施及流量分析主要针对老城区。老城区城市轨道交通线路经过 13 个交叉口,交叉口行人过街设施形式较为多样。下面主要以头桥站和紫林庵站为例进行说明(见图 7-22)。

1)头桥站

浣纱路站位于浣纱路(枣山路)和延安路交叉口处,该位置行人通过地下通道过街。北向距离最近的行人过街设施 213m,西向距离最近的行人过街设施 415m,东向距离最近的行人过街设施 245m。该处行人过街流量较大,高峰小时通过延安路流量达到 3320 人,各方向的行人流量如图 7-23 所示。

2)紫林庵站

紫林庵站位于瑞金中路和延安路交叉口处,该位置行人通过地下通道过街,如图 7-24 所示。北向距离最近的行人过街设施 300m,西向距离最近的行人过街设施 415m。该处瑞金路上行人过街流量大于延安路,高峰小时通过瑞金路流量达到 4644 人,而通过延安路的流量为 3740 人,各方向的行人流量如图 7-24 所示。

7.4.4　重要节点机动车交通量

下面仍以头桥站和紫林庵站为例说明重要节点机动车量。

图 7-22 头桥站和紫林庵站附近行人过街设施现状

图 7-23 头桥站地下人行通道人流量统计图(单位:人)

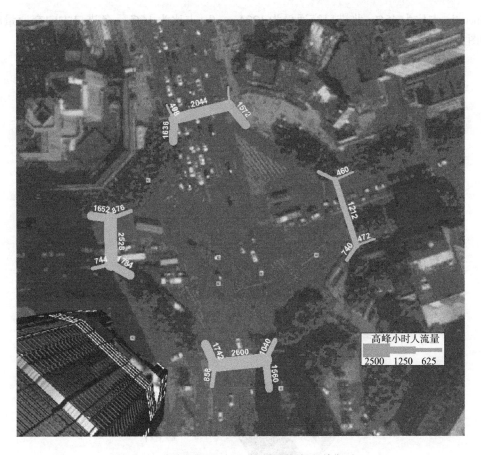

图 7-24　紫林庵地下人行通道人流量统计图（单位：人）

1）头桥站

头桥站延安路与枣山路交叉口晚高峰机动车交通量见表 7-11。其中，东进口交通量为 1720pcu/h，占比为 16%；西进口交通量为 2521pcu/h，占比为 24%；南进口交通量为 3233pcu/h，占比为 31%；北进口交通量为 3024pcu/h，占比为 29%。

延安路与枣山路交叉口晚高峰机动车交通量表　　　表 7-11

方　向	所占比例（%）	进出口交通量（pcu/h）
东侧	16	1720
西侧	24	2521
南侧	31	3233
北侧	29	3024

各进口方向交通量的构成如图 7-25~图 7-28 所示。其中，直行和左转交通量占比较大。

2）紫林庵站

紫林庵站延安路与瑞金路交叉口晚高峰机动车交通量见表 7-12。其中，东进口交通量为 1291pcu/h，占比为 17%；西进口交通量为 1629pcu/h，占比为 22%；南进口交通量为

3383pcu/h，占比为45%；北进口交通量为1224pcu/h，占比为16%。各进口方向交通量的构成如图7-29～图7-32所示。其中，直行和左转交通量占比较大。

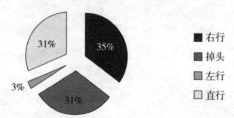

图7-25　延安路与枣山路交叉口东进口转向交通流量构成

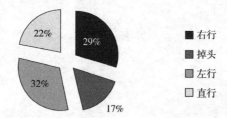

图7-26　延安路与枣山路交叉口西进口转向交通流量构成

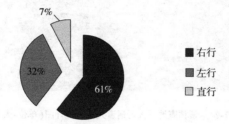

图7-27　延安路与枣山路交叉口南进口转向交通流量构成

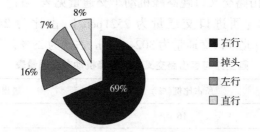

图7-28　延安路与枣山路交叉口北进口转向交通流量构成

延安路与瑞金路交叉口晚高峰机动车交通量表　　　　表7-12

方　向	所占比例(%)	交通量(pcu/h)
东侧	17	1291
西侧	22	1629
南侧	45	3383
北侧	16	1224

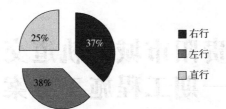

图 7-29 延安路与瑞金路交叉口东进口转向交通流量构成

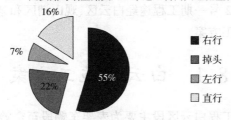

图 7-30 延安路与瑞金路交叉口西进口转向交通流量构成

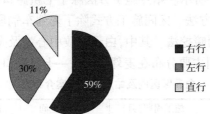

图 7-31 延安路与瑞金路交叉口南进口转向交通流量构成

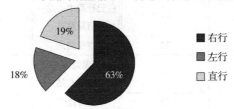

图 7-32 延安路与瑞金路交叉口北进口转向交通流量构成

第8章 贵阳市城市轨道交通2号线一期工程施工方案

贵阳市城市轨道交通2号一期工程途经白云区、观山湖区和老城区三个区域,下面介绍各区域城市轨道交通的施工方案。

8.1 白云区施工方案

城市轨道2号线一期工程白云区段主要为麦架车辆段至金岭路站,共5站5区间及一个车辆段,见表8-1,如图8-1所示。站点施工方法除了七机路口站采用半盖挖的施工方法,其余站点均采用暗挖的施工方法。区间施工方式除了麦驾车辆段—七机路口站区间采用明挖法(61m),剩余区间均采用暗挖法。其中,白云行政中心站及金岭路站已开始施工。整体来看,对交通影响较大的区间主要分布在麦驾车辆段—七机路口站、云峰路站。

白云区区间及站点施工方案介绍表　　　　表8-1

车站或区间	施工方法	施工周期(月)	车站或区间	施工方法	施工周期(月)
麦驾车辆段	暗挖	—	白云行政中心站	暗挖	25
麦驾车辆段—七机路口站	明挖61m	—	白云行政中心站—南湖路站	暗挖	—
七机路口站	半盖挖	22	南湖路站	暗挖	18
七机路口站—云峰路站	暗挖	—	南湖路站—金岭路站	暗挖	—
云峰路站	暗挖	23	金岭路站	暗挖	20
云峰路站—白云行政中心站	暗挖	—			

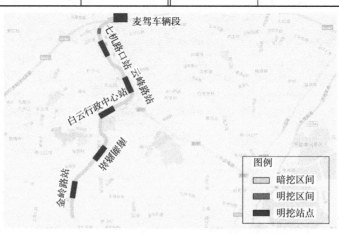

图8-1 白云区施工方案示意图

8.2 关山湖区施工方案

城市轨道交通2号线一期工程观山湖区段主要从金岭路站南段区间开始至三桥站及东侧区间,共设置了11个站点、12段区间,如图8-2所示,见表8-2。站点除北京西路站及三桥站采用暗挖的施工方法外,其余全部采用明挖方式;所有区间全部采用暗挖施工方式。

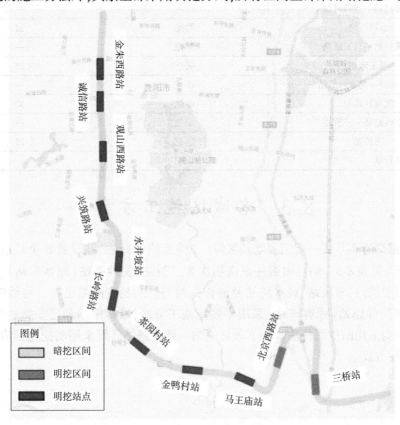

图 8-2 观山湖区施工方案示意图

观山湖区区间及站点施工方案介绍表　　　　表 8-2

车站或区间	施工方法	施工周期(月)
金岭路站—金朱西路站	暗挖	—
金朱西路站	明挖	24
金朱西路站—诚信路站区间	暗挖	—
诚信路站	明挖	主体结构完工
诚信路站—观山西路站	暗挖	—
观山西路站	明挖	33
观山西路站—兴筑西路站	暗挖	—
兴筑西路站	明挖	34
兴筑西路站—水井坡站	暗挖	—
水井坡站	明挖	24

续上表

车站或区间	施工方法	施工周期(月)
水井坡站—长岭路站	暗挖	—
长岭路站	明挖	33
长岭路站—茶园村站	暗挖	—
茶园村站	明挖	33
茶园村站—金鸭村站	暗挖	—
金鸭村站	明挖	22
金鸭村站—马王庙站	暗挖	—
马王庙站	明挖	25
马王庙站—北京西路站	暗挖	—
北京西路站	暗挖	32
北京西路站—三桥站	暗挖	—
三桥站	暗挖	23
三桥站—二桥站	暗挖	—

8.3 老城区施工方案

城市轨道交通2号线一期工程老城区段(二桥至油榨街站)共设置8个站点7个区间，如图8-3所示，见表8-3。站点由西往东南依次为二桥站、浣纱路站(原客车站)、紫林庵站、延安路站、阳明祠站、省医站、观水路站及油榨街站，其中，延安路站已在1号线时施工。另外，二桥站和浣纱路站(原客车站)采用半盖挖施工方法，紫林庵站和延安路站采用明挖方式，其余站点均采用暗挖洞柱法。除了紫林庵站—延安路站区间采用明挖施工方式，其余区间均采用暗挖方式。

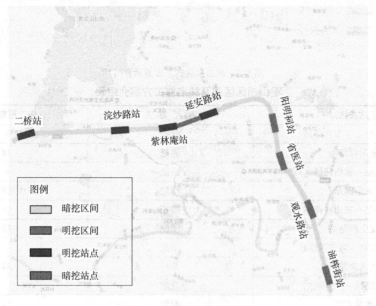

图 8-3 老城区施工方案示意图

老城区区间及站点施工方案介绍表　　　　　　　　　　　　表 8-3

车站或区间	施工方法	施工周期(月)
二桥站	半盖挖	30
二桥站—浣纱路站(原客车站)	暗挖	—
浣纱路站(原客车站)	半盖挖	34
浣纱路站(原客车站)—紫林庵站	暗挖	—
紫林庵站	明挖	27
紫林庵站—延安路站	明挖	28
延安路站	明挖	2016年6月底完工
延安路站—阳明祠站	暗挖	—
阳明祠站	暗挖洞柱法	31
阳明祠站—省医站	暗挖	—
省医站	暗挖洞柱法	31
省医站—观水路站	暗挖	—
观水路	暗挖洞柱法	31
观水路—油榨街站	暗挖	—
油榨街	暗挖洞柱法	31

第9章 贵阳市城市轨道交通2号线一期工程施工交通影响评价

9.1 节点交通影响评价

节点交通影响评价即城市轨道交通施工站点对城市交通的影响评价。这里仅列举具有代表性的七机路口站、水井坡站、北京西路站和浣纱路站的交通影响评价。

9.1.1 七机路口站

七机路口站位于白云区,该站施工期间将占白云北路部分路段,围挡时间约为22个月。施工期间该站点分三期施工。

一期施工段围挡车站东半幅,先施工车站东半幅铺盖系统,改造西侧的部分人行道,如图9-1所示。一期施工场地总面积约为5173m²,大约围挡时间3个月。期间围挡导致东侧6个机动车出入口无法进出,同时导致东侧部分单位应急消防等无法满足;另外,两个公交站台受到影响。

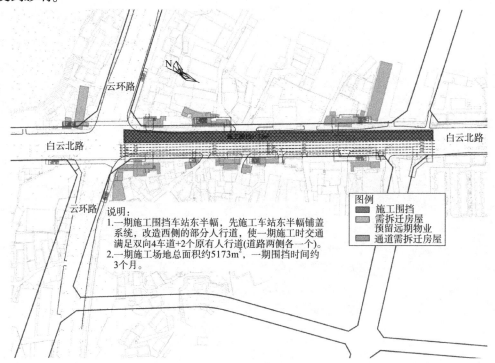

图9-1 七机路口站一期施工交通影响示意图

二期施工围挡车站西半幅,车站东半幅铺盖施工,如图9-2所示。二期围挡面积约为

$5238m^2$，围挡时间约为 15 个月；二期施工期间，东侧 6 个机动车出入口无法进出，部分单位应急消防无法满足。

三期施工围挡车站附属结构通道、风道以及远期物业通道如图 9-3 所示。三期施工场地

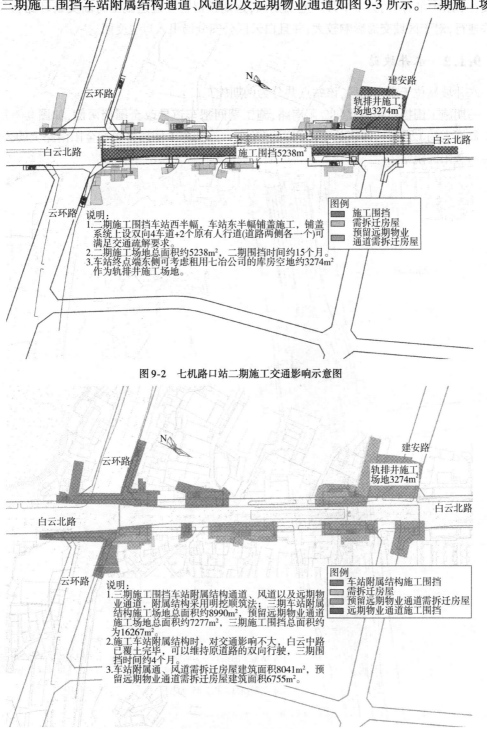

图 9-2 七机路口站二期施工交通影响示意图

图 9-3 七机路口站三期施工交通影响示意图

总面积约为 8990m²,预留远期物业通道施工场地总面积约为 7277m²,施工围挡总面积约为 16267m²。施工车站附属结构时,对交通影响不大,白云中路已覆土完毕,可维持原道路双向行驶,三期围挡时间约为 4 个月。施工期间,远期预留物业通道施工将断交云环路,云环路无法通行,对于区域交通影响较大;并且白云区公安分局出入口也受阻。

9.1.2 水井坡站

水井坡站位于观山湖区,该站点共分为两期施工。

一期施工围挡占用南北向金阳南路,施工期间把车道导改至围挡两侧,如图 9-4 所示。施工周期大约 12 个月,围挡总面积约为 8570m²。一期施工围挡将影响金阳南路上的公交站点——金阳医院站。

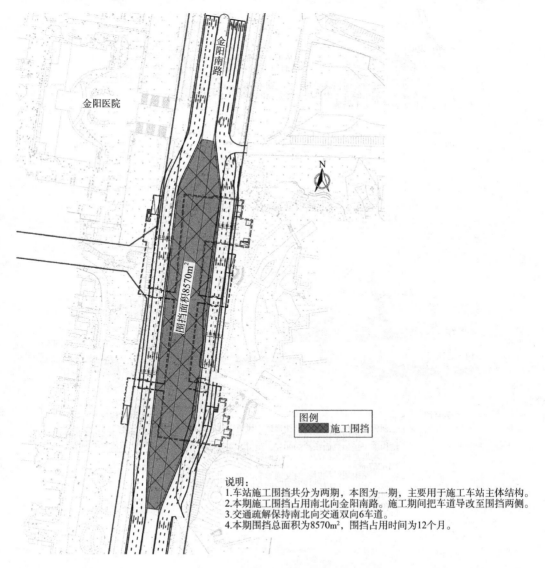

图 9-4 水井坡站一期施工交通影响示意图

二期施工围挡占用南北向金阳南路两侧,车道导改至主体上方,如图9-5所示。施工围挡面积约为14680m²,围挡占用时间约为6个月。二期施工期间,局部围挡占用金阳南路东侧道路面积较大,围挡后该条道路最窄处仅有约3m宽的道路空间。

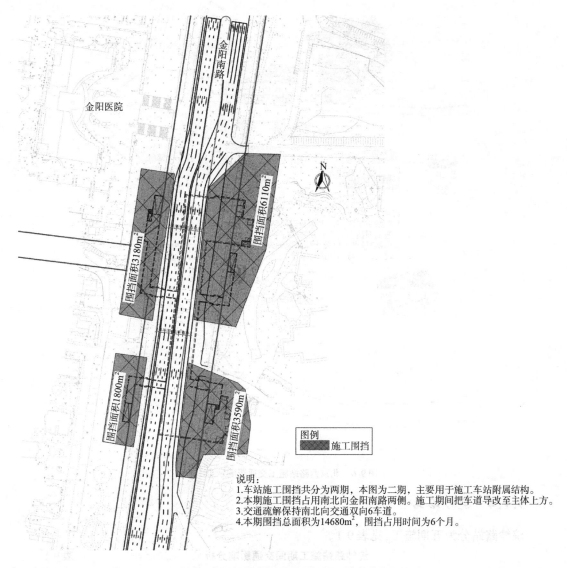

图9-5 水井坡站二期施工交通影响示意图

9.1.3 北京西路站

北京西路站位于观山湖区,该站点施工围挡占地总面积约为9500m²,施工时间大约32个月,如图9-6所示。由于车站3号出入口及无障碍电梯现状地面场地高差较大,需对场地进行平整。北京西路站施工期间,两处围挡占用北京西路下穿人行通道,同时可能破除地下人行通道,人流无法过街;另外围挡占用水井坡站公交站点位置。

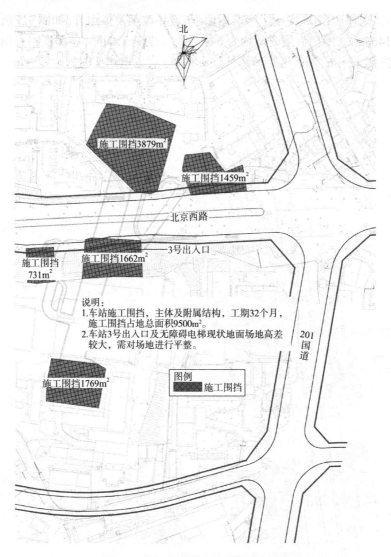

图9-6 北京西路站施工交通影响示意图

9.1.4 浣纱路站

浣纱路站分为五期施工,见表9-1。

浣纱路站施工期间交通影响分析 表9-1

序号	施工时间	施工内容	交通影响分析
一期	1个月	人行道改造	占用部分人行道,对行人交通有一定影响,对车辆交通几乎没有影响
二期	4个月	拆除延安西路上跨公路桥东西两侧部分,并施工十字路口处车站顶板盖板、相应部位客车站立交桥及顶板管廊	南北向保留双向8车道,东西向保留双向5~6个车道,对东西向影响较大,特别是交叉口西侧部分,对延安西路公交站点影响较大,对行人过街影响较大

续上表

序号	施工时间	施工内容	交通影响分析
三期	13个月	施工车站主体	南北向保留双向8车道,东西向保留双向5～6车道,对东西向及交叉口转向交通流影响较大,对延安西路公交站点影响较大,对行人过街影响较大
四期	6个月	施工车站附属结构部分	南北向最窄处保留双向8车道,东西向最窄处保留双向6车道,较前几期整体影响减小,西南侧部分单位无法进出
五期	10个月	施工客车站立交桥桥梁结构、散铺基地及铺轨	南北向保留双向8车道,东西向保留双向6车道,对行人过街影响较大

1)一期施工

一期主要进行人行道改造,如图9-7所示。人行道改造面积为5660m²,施工时间为1个月。本期施工不影响原道路通行,但是在交叉口四角人行道改造围挡,行人通行存在困难;另外围挡封闭出入口,部分单位无法进出。

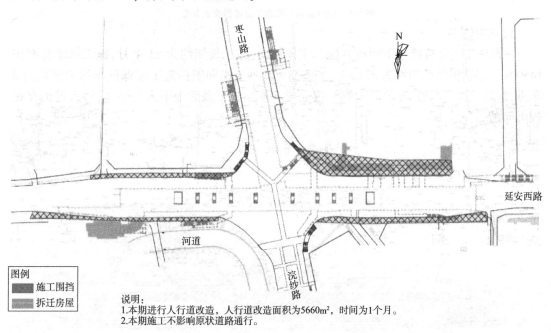

图9-7 浣纱路站一期施工交通影响示意图

2)二期施工

二期施工场地总面积14800m²,辅助围挡面积为4340m²,如图9-8所示。二期施工拆除延安西路上跨客车站立交桥东西两侧部分,并施工十字路口处车站顶板盖板及相应部位客车站立交桥,及顶板管廊,工期大约4个月。本期围挡施工能保证车站南北双向8车道,东侧双向5车道,西侧双向6车道通行。二期施工期间,破除地下人行通道,行人过街存在较大问题;东侧延安西路公交车站需要调整。

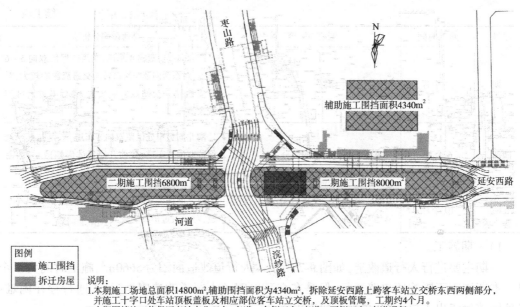

说明：
1. 本期施工场地总面积14800m²，辅助围挡面积为4340m²，拆除延安西路上跨客车站立交桥东西两侧部分，并施工十字口处车站顶板盖板及相应部位客车站立交桥，及顶板管廊，工期约4个月。
2. 本期围挡施工能保证车站南北双向8车道，东侧双向5车道，西侧双向6车道通行。

图9-8　浣纱路站二期施工交通影响示意图

3）三期施工

三期施工主要拆除地下通道并施工主体结构，施工周期约为13个月，施工场地总面积14500m²，辅助围挡面积约为4340m²，如图9-9所示。本期围挡施工能保证车站南北双向8车道，东侧双向5车道，西侧双向6车道通行。本期施工破除地下人行通道，行人过街存在较大问题。

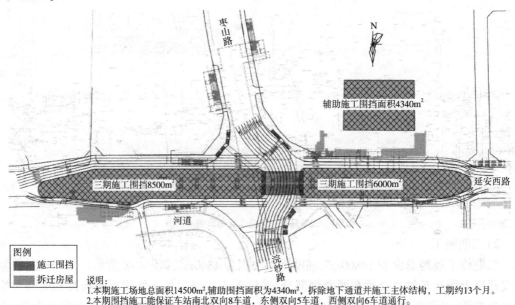

说明：
1. 本期施工场地总面积14500m²，辅助围挡面积4340m²，拆除地下通道并施工主体结构，工期约13个月。
2. 本期围挡施工能保证车站南北双向8车道，东侧双向5车道，西侧双向6车道通行。

图9-9　浣纱路站三期施工期间交通影响示意图

4）四期施工

四期施工仍对车站附属结构采用明挖方式进行施工，施工周期约为6个月，施工场地总面积14270m²，辅助围挡面积为4340m²，如图9-10所示。四期施工期间，围挡施工能保证车站南北双向8车道，东西双向6车道通行。西南侧围挡将导致部分居民无法进出，拆除地下通道后行人过街困难。

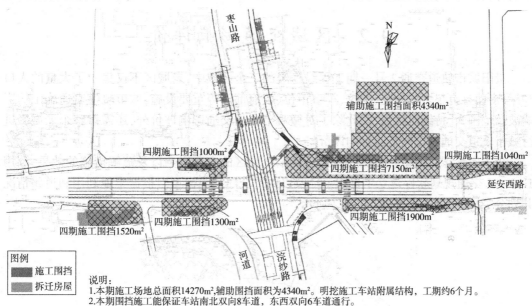

图9-10　浣纱路站四期施工期间交通影响示意图

5）五期施工

五期施工主要进行客车站立交桥桥梁结构、散铺基地及铺轨施工，工期大约为10个月，施工场地总面积为10200m²，如图9-11所示。施工围挡能保证车站南北双向8车道，东西双向6车道通行。本期施工破除地下人行通道，行人过街仍存在较大问题。

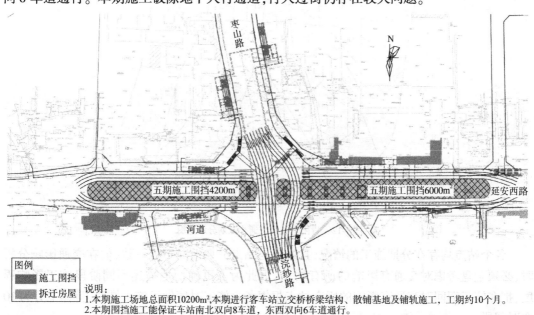

图9-11　浣纱路站五期施工期间交通影响示意图

总的来看,该站位于浣纱路与延安西路交叉口正中,围挡范围较大;拆建交叉口东西向上跨立交桥,施工周期较长,整体影响较大;且由于其所处交叉口交通功能较为重要,其施工影响将波及片区,甚至整个老城区。

9.2 区域交通影响评价

贵阳城市轨道交通2号一期工程线途经的三个区域中,老城区不仅集中了大量的人口和岗位,而且有很多如医院、学校、军事单位、政府部门等重要设施,城市轨道交通施工的影响波及范围大,持续时间长,因此除了对微观节点的交通影响评价外,还需对整个老城区进行城市轨道交通施工的交通影响评价。

为了定量评价城市轨道交通施工对贵阳老城区的交通影响以及疏解措施的效果,利用Transcad交通规划软件建立了贵阳一环及以内的交通需求模型。根据土地利用和道路情况共划分了83个交通小区,如图9-12所示。

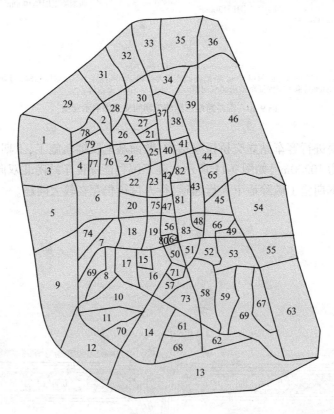

图9-12 贵阳老城区交通小区划分示意图

各个站点均存在分期施工的情况,且站点与站点分期情况不尽一致,但在交通影响分析时,必须全盘考虑对交通有影响的所有站点,因此为了更确切地描述不同阶段施工影响程度,把在施工期间对交通有影响的所有站点根据各自施工时序做了施工排序,整体上分为10个时间段。

9.2.1 不同阶段施工对路网服务水平的影响

1) 0～2个月施工期交通影响分析

在最初2个月施工期,延安西路与枣山路、瑞金路交叉口及延安西路路段受到较大影响,路网的交通状况如图9-13所示。同时,城市轨道交通1号线的北京路站、延安路站和中山路站还在施工。两条线路的施工导致整个老城区路网服务水平为D级及以下路段的比例由60.71%增加至64.68%(见图9-14),交通状况拥堵加剧。

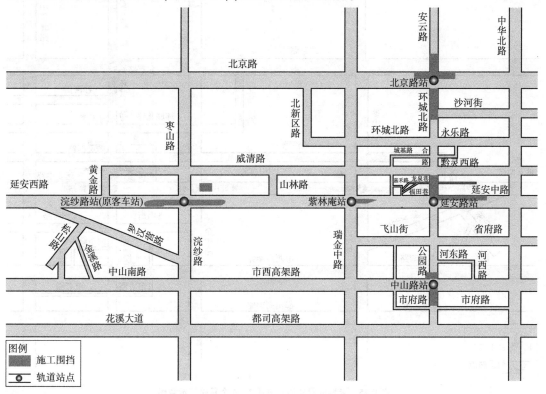

图9-13 老城区段城市轨道交通2号线0～2个月施工示意图

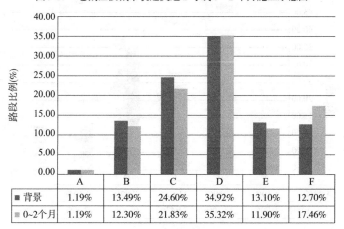

	A	B	C	D	E	F
背景	1.19%	13.49%	24.60%	34.92%	13.10%	12.70%
0～2个月	1.19%	12.30%	21.83%	35.32%	11.90%	17.46%

图9-14 0～2个月老城区不同服务水平路段比例变化

2)2~4个月施工期交通影响分析

在2~4个月施工期,浣纱路站调整施工方案,导致施工围挡占用该交叉口较大面积,对交通造成严重影响。同时,延安西路路段交通影响较大,路网的交通状况如图9-15所示。城市轨道交通1号线的北京路站、延安路站和中山路站仍然在施工。两条线路的施工导致整个老城区服务水平为D级及以下路段的比例由60.71%增加至64.68%(见图9-16),老城区交通状况继续恶化。

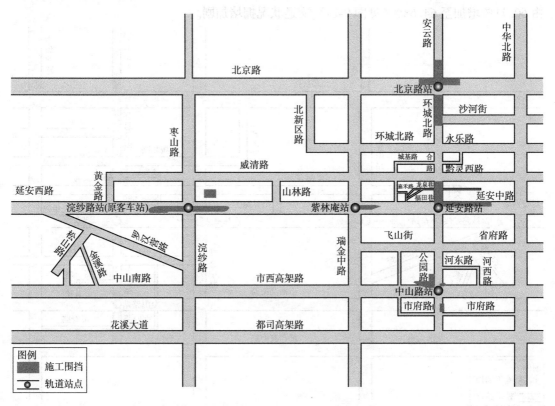

图9-15 老城区段轨道2号线2~4个月施工示意图

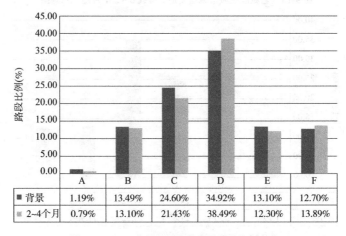

图9-16 2~4个月不同服务水平路段比例变化

3) 4~5个月施工期交通影响分析

在4~5个月施工期,紫林庵站点调整施工围挡,增加施工围挡面积,对交叉口及延安西路路段影响加剧,路网的交通状况如图9-17所示。城市轨道交通1号线的北京路站、延安路站和中山路站同样在施工。两条线路的施工导致整个老城区服务水平D级及以下路段的比例由60.71%增加至65.08%(见图9-18),老城区交通状况更加恶化。

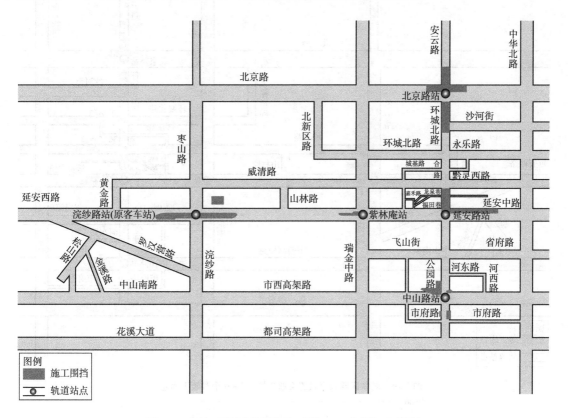

图9-17 老城区段城市轨道交通2号线4~5个月施工示意图

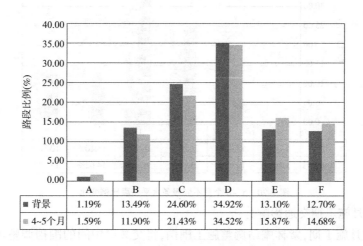

图9-18 4~5个月不同服务水平路段比例变化

4) 5～6 个月施工期交通影响分析

在 5～6 个月施工期,相比前一期,浣纱路站调整施工围挡,局部减小围挡范围,路网的交通状况如图 9-19 所示。1 号线的三个站点仍然在施工。服务水平为 D 级及以下路段的比例由 60.71% 增加至 64.82%(见图 9-20),老城区交通状况同样恶化。

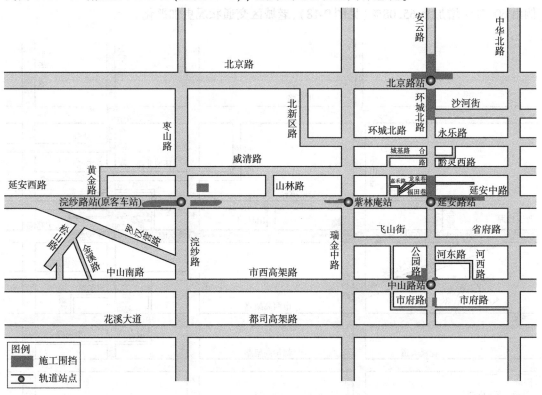

图 9-19　老城区段城市轨道交通 2 号线 5～6 个月施工示意图

	A	B	C	D	E	F
背景	1.19%	13.49%	24.60%	34.92%	13.10%	12.70%
5~6个月	1.19%	12.65%	21.34%	36.76%	14.62%	13.44%

图 9-20　5～6 个月不同服务水平路段比例变化

5) 6～9 个月施工期交通影响分析

在 6～9 个月施工期,紫林庵站调整施工围挡,将交叉口中间的围挡调整至北侧围挡,减少了对路段交通的影响,路网的交通状况如图 9-21 所示。服务水平为 D 级及以下路段的比例由 60.71% 增加至 64.29%（见图 9-22），老城区交通状况同样处于较差状态。

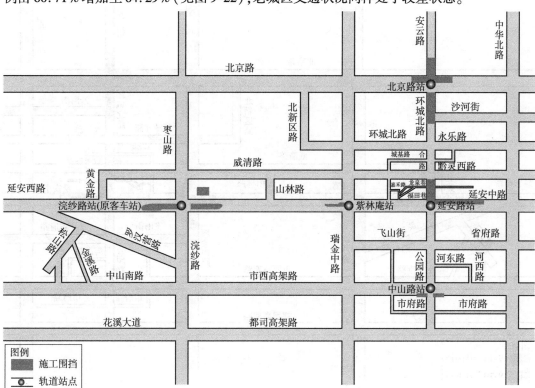

图 9-21　老城区段城市轨道交通 2 号线 6~9 个月施工示意图

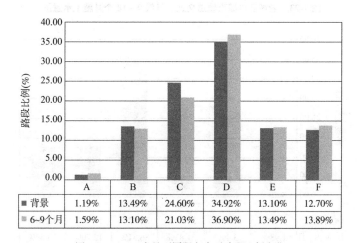

图 9-22　6~9 个月不同服务水平路段比例变化

6) 9~18 个月施工期交通影响分析

在 9~18 个月施工期，第 10 个月后城市轨道交通 1 号线站点施工完毕，施工影响范围减小，但由于城市轨道交通 2 号线浣纱路站及紫林庵站是老城区西北侧重要交叉口，其对整个老城区的影响同样较大，路网的交通状况如图 9-23 所示。服务水平为 D 级及以下路段的比例由 60.71% 增加至 62.7%（见图 9-24），老城区交通状况仍然不容乐观。

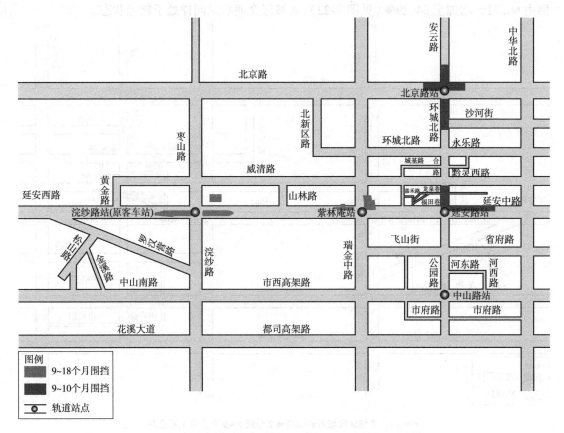

图 9-23　老城区段城市轨道交通 2 号线 9~18 个月施工示意图

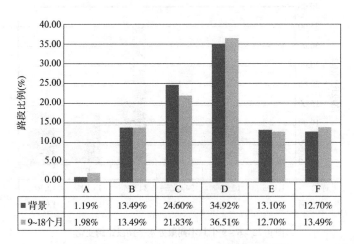

图 9-24　9~18 个月不同服务水平路段比例变化

7) 18~21 个月施工期交通影响分析

在 18~21 个月施工期，相比前一期，浣纱路站调整施工围挡，增加围挡范围，对交叉口及路段的影响增大，路网的交通状况如图 9-25 所示。服务水平为 D 级及以下路段的比例由 60.71% 增加至 63.49%（见图 9-26），老城区交通状况同样恶化。

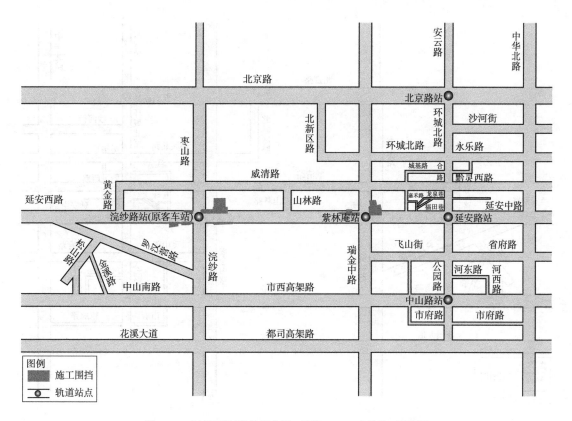

图 9-25　老城区段城市轨道交通 2 号线 18~21 个月施工示意图

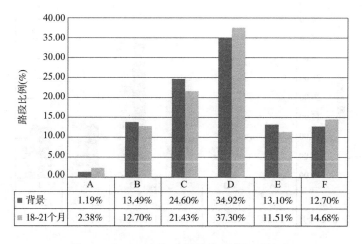

图 9-26　18~21 个月不同服务水平路段比例变化

8) 21~24 个月施工期交通影响分析

在 21~24 个月施工期,相比前一期,紫林庵站调整施工围挡,其影响程度与上一期基本相同,路网的交通状况如图 9-27 所示。服务水平为 D 级及以下路段的比例由 60.71% 增加至 63.49%(见图 9-28),老城区交通状况同样恶化。

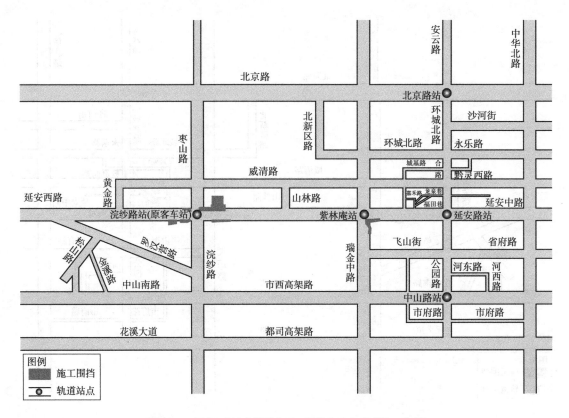

图 9-27 老城区段城市轨道交通 2 号线 21~24 个月施工分析

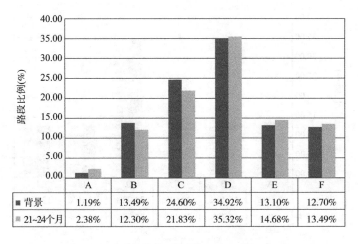

图 9-28 21~24 个月不同服务水平路段比例变化

9) 24~27 个月施工期交通影响分析

在 24~27 个月施工期,相比前一期,紫林庵站调整施工围挡,增加围挡范围,对交叉口及路段的影响加大,路网的交通状况如图 9-29 所示。服务水平为 D 级及以下路段的比例由 60.71% 增加至 63.1%(见图 9-30),老城区交通状况同样较差。

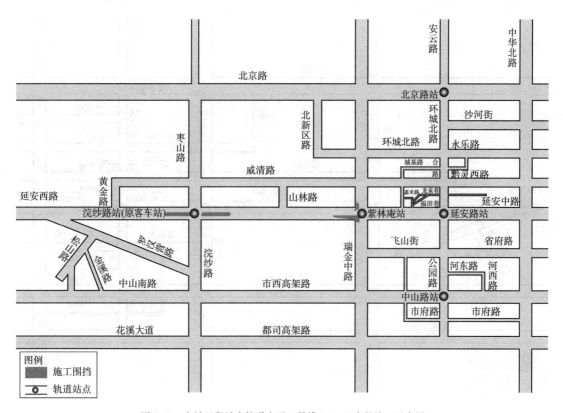

图 9-29　老城区段城市轨道交通 2 号线 24~27 个月施工示意图

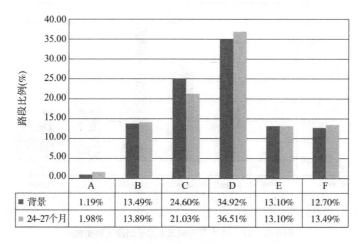

图 9-30　24~27 个月不同服务水平路段比例变化

10) 27~34 个月施工期交通影响分析

在 27~34 个月施工期,紫林庵站施工完毕,仅有浣纱路站最后一期施工,整体影响减小,但由于延安西路与枣山路交叉口东西向直行天桥尚未恢复,与背景情况比较,还存在一定影响,路网的交通状况如图 9-31 所示。服务水平为 D 级及以下路段的比例由 60.71% 增加至 61.9%（见图 9-32），老城区交通状况同前几期相比,有一定改善。

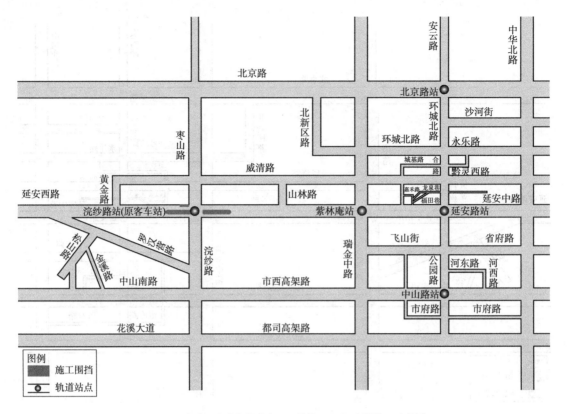

图 9-31 老城区段城市轨道交通 2 号线 27~34 个月施工示意图

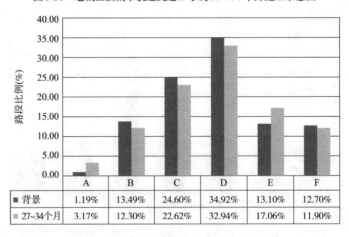

图 9-32 27~34 个月不同服务水平路段比例变化

9.2.2 施工对路网容量的影响

根据城市轨道交通施工的特点,在不同的施工阶段会造成不同路段受到影响,如在 9~18 个月施工期,第 10 个月后城市轨道交通 1 号线站点施工完毕,施工影响范围减小,但由于城市轨道交通 2 号线浣纱路站(原客车站)及紫林庵站位于老城区西北侧重要交叉口,其对整个老城区的影响同样较大。

城市轨道交通 2 号线施工期间前 10 个月与城市轨道交通 1 号线同时施工,对贵阳老城区的交通造成严重的干扰,施工期间路网容量下降约 12.3%,与城市轨道交通 1 号线施工相比,下降 7%。服务水平为 D 级及以上路段较现状增加 3%~5%,特别是施工期前 5 个月,服务水平为 D 级及以上路段较现状增加接近 5%,在原本路网容量趋于饱和的状态下,施工期如不进行有效疏解,会造成大面积交通瘫痪,即使进行有效的交通疏解,老城区交通短时拥堵也不可避免。

9.2.3 施工对路网主干道的影响

城市轨道交通 2 号线施工导致二桥路及延安西路拥堵严重。首先加大北京西路的交通压力,其次增加黔灵西路、观山西路的交通压力,也就是说施工对观山湖区与老城区之间的连通带来一定的影响。

城市轨道交通 2 号线施工后,对二桥、三桥及马王庙片区进出老城区线路产生严重影响,出现小河片区的"早上进不来,晚上出不去"的情况。

城市轨道交通 2 号线施工增加了观山湖区与老城区之间连通通道的交通压力。

第10章 贵阳市城市轨道交通2号线一期工程施工交通疏解策略

10.1 微观节点交通疏解策略

微观节点交通疏解即城市轨道交通施工位置的交通疏解,包括施工方案调、道路或交叉口改造、交通控制优化等。与前述交通影响评价相对应,下面以七机路口站、水井坡站、北京西路站、浣纱路站为例进行说明。

10.1.1 七机路口站

1) 一期

七机路口站一期交通疏解方案如图10-1所示。要点如下:

①在围挡东侧设置一条3.5m宽的行车道,用作东侧6个出入口进出及村庄的应急消防通道。

②白云公安分局公交车站往南侧调整,云环路口站往北侧或西侧调整,让开施工围挡范围。

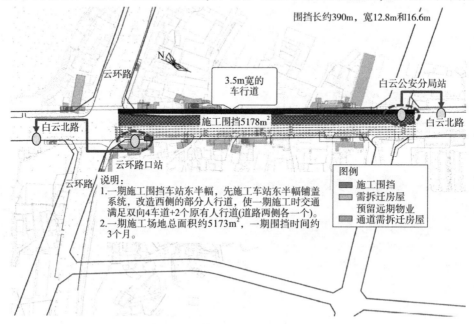

图10-1 七机路口站一期交通疏解方案

2) 二期

二期施工交通疏解方案如图10-2所示。在围挡东侧设置一条3.5m宽的行车道,用作东侧6个出入口进出及村庄的应急消防通道。

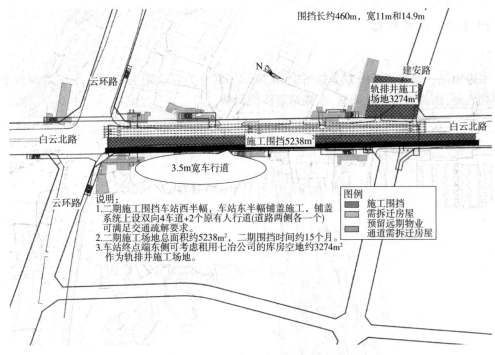

图 10-2　七机路口站二期交通疏解方案

3）三期

三期施工交通疏解方案如图 10-3 所示。在云环路上实行倒边施工，保留云环路半幅路面作为交通疏解通道，并在围挡处断开。

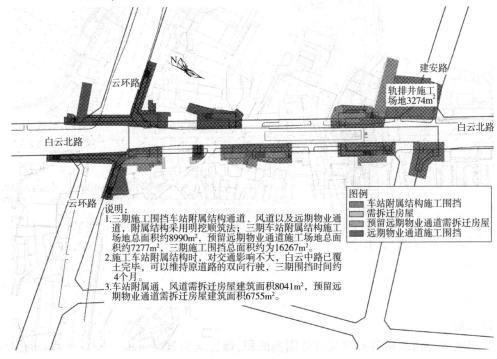

图 10-3　七机路口站三期交通疏解方案

10.1.2 水井坡站

1)一期

水进坡站一期交通疏解方案如图 10-4 所示。具体为将金阳医院站公交车站调整至施工围挡之外,西侧站点往北调整,东侧站点往南调整。

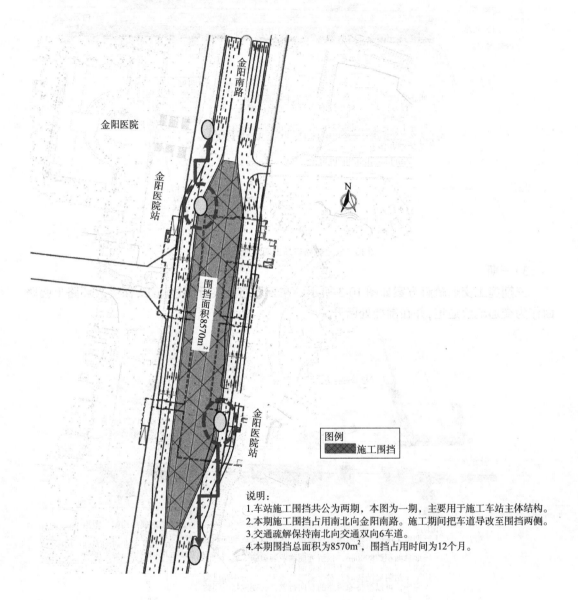

图 10-4 水井坡站一期交通疏解方案

2)二期

二期施工交通疏解需要缩减该处围挡面积,保证通道宽度不小于 6m,满足车辆进出。疏解方案如图 10-5 所示。

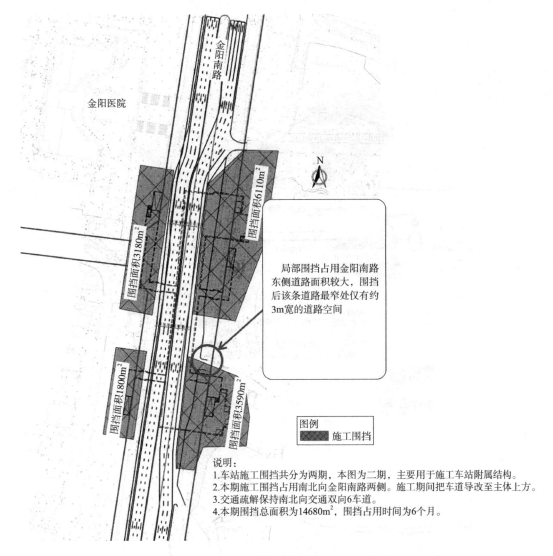

图 10-5 水井坡站二期交通疏解方案

10.1.3 北京西路站

北京西路站施工交通疏解方案为：①适当调整围挡，避开下穿通道开口，保证人行通道的通畅；②公交站点向西移，如图10-6所示。

10.1.4 浣纱路站

浣纱路站位于浣纱路与延安西路交叉口正中，周边多为日用品及农业用具批发销售市场，人流规模比较大。该站点施工围挡范围较大，拆建交叉口东西向上跨立交桥，施工周期较长，整体影响较大，且由于其所处交叉口交通功能较为重要，其施工影响将波及片区，甚至整个老城区。该站各期施工的疏解方案如下。

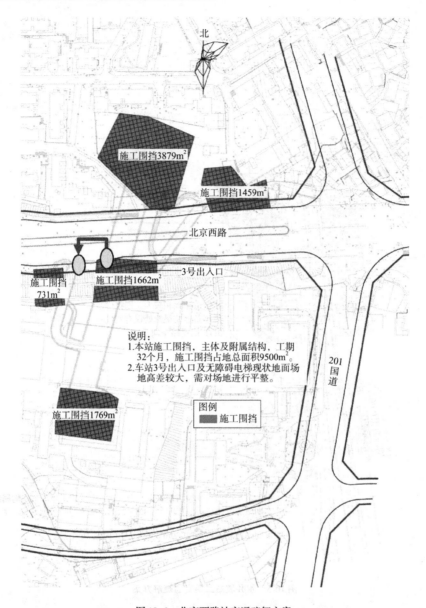

图 10-6 北京西路站交通疏解方案

1）一期

一期施工期间疏解措施如图 10-7 所示,具体如下：

①在围挡与建筑之间或围挡内侧预留 2m 人行通道,保证人流通行。

②围挡断开出入口,保证出行。

2）二期

二期施工围挡区域增大,影响范围进一步扩大,施工期间采用如下疏解措施（见图 10-8）：

①在交叉口北侧设置 3m 宽的行人过街钢便桥。

②西侧在交叉口附近设置地面人行过街。

③南侧地下人行通道保留。

④东侧通过原人行过街天桥绕行。
⑤公交车站往东侧调整。

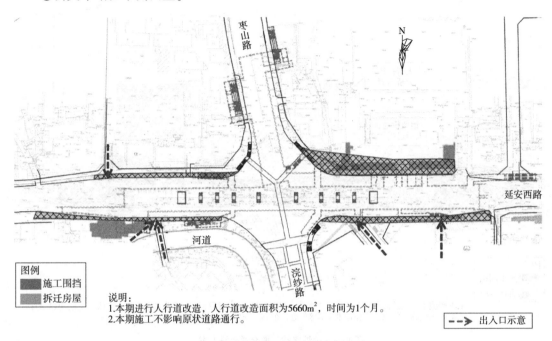

图例
施工围挡
拆迁房屋

说明:
1. 本期进行人行道改造,人行道改造面积为5660m², 时间为1个月。
2. 本期施工不影响原状道路通行。

出入口示意

图 10-7　浣纱路站一期交通疏解方案

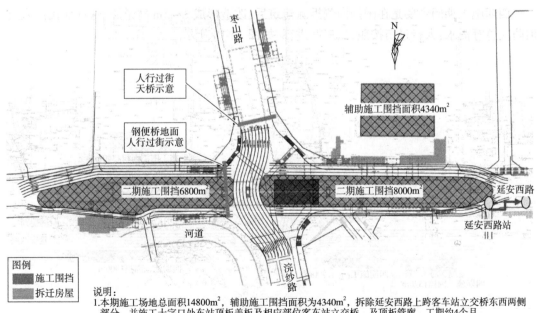

图例
施工围挡
拆迁房屋

说明:
1. 本期施工场地总面积14800m², 辅助施工围挡面积为4340m², 拆除延安西路上跨客车站立交桥东西两侧部分, 并施工十字口处车站顶板盖板及相应部位客车站立交桥, 及顶板管廊, 工期约4个月。
2. 本期围挡施工能保证车站南北双向8车道, 东侧双向5车道, 西侧双向6车道通行。

图 10-8　浣纱路站二期交通疏解方案

3) 三期

三期施工期间采用如下疏解措施:在交叉口北侧设置3m宽的行人过街钢便桥,西侧在围挡外设置地面信号人行过街,南侧地下人行通道保留,东侧通过原人行过街天桥绕行,如图 10-9 所示。

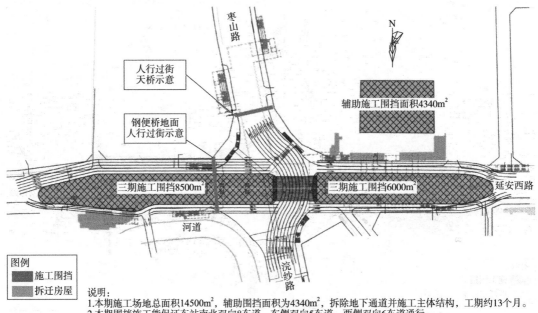

说明:
1. 本期施工场地总面积14500m²,辅助围挡面积为4340m²,拆除地下通道并施工主体结构,工期约13个月。
2. 本期围挡施工能保证车站南北双向8车道,东侧双向5车道,西侧双向6车道通行。

图 10-9　浣纱路站三期交通疏解方案

4) 四期

四期施工期间主要是在围挡南侧拆除建筑后,改造形成 3~5m 宽道路,保证居民出入及消防应急等需求;人行过街按照二、三期进行,如图 10-10 所示。

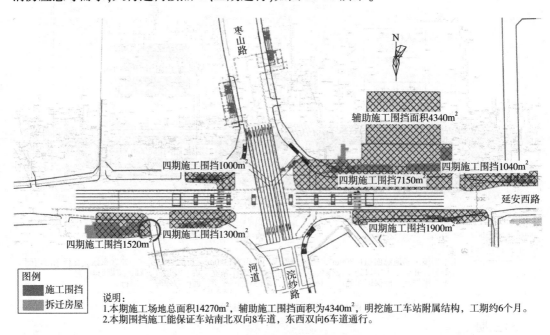

说明:
1. 本期施工场地总面积14270m²,辅助施工围挡面积为4340m²,明挖施工车站附属结构,工期约6个月。
2. 本期围挡施工能保证车站南北双向8车道,东西双向6车道通行。

图 10-10　浣纱路站四期交通疏解方案

5）五期

五期交通疏解方案按照二、三期人行过街方案进行，如图 10-11 所示。

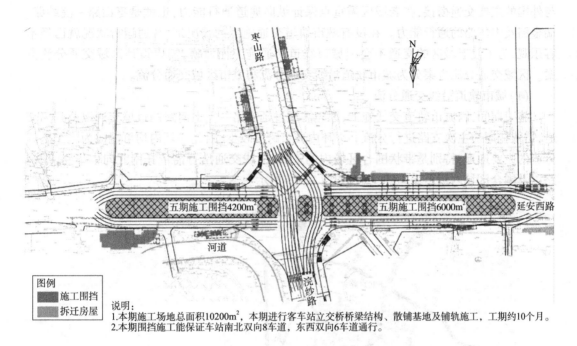

图 10-11　浣纱路站五期交通疏解方案

10.2　宏观区域交通疏解策略

宏观区域交通疏解策略包括交通分流、交通需求管理、公共交通调整等。

10.2.1　交通分流策略

1）观山湖区

现状林城路主要为沿线交通服务，基本不承担过境交通功能，对交通影响较大区段为云潭路—金阳路，沿线用地在林城路两侧体现为南低北高。南侧用地大都为村落或待开发用地，林城路北侧路网较为发达，利于交通分流。

施工期间，该区域的分流方案如图 10-12 所示，具体分流方案如下：

①东西向：金朱路、观山路。

②南北方向：云潭路、金阳路、长岭路、龙潭坝路、诚信路、碧海路、石标路。

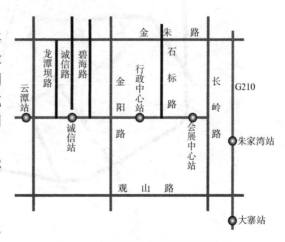

图 10-12　观山湖区交通分流方案示意图

2) 老城区

老城区道路交通主干网络近似"四横四纵",为了保证老城区的基本交通运行,同时保障与外围的主要交通衔接,在老城区需重点保证纵向通道通行能力,也就是枣山路—浣纱路、瑞金路及中华路的通行能力。在没有城市轨道交通施工的情况下,交通运行状况就已经不容乐观,为了使老城区的交通不会因城市轨道交通施工而瘫痪,需要设计区域交通分流方案。区域交通分流方案分为城市轨道沿线交通分流和城市区域交通分流。

(1) 城市轨道沿线交通分流

施工期间,因城市轨道交通施工,原先需通过延安路—宝山南路的过境交通以及到离交通,需依托周边主次支路进行分流。一环内城市跨度较少,因此一环内均可能成为施工期间分流的主要通道,特别是带状围合区域内的道路,沿线交通出行需依托南北向中华路、瑞金路以及围合区域内道路来组织交通,如图 10-13 所示。

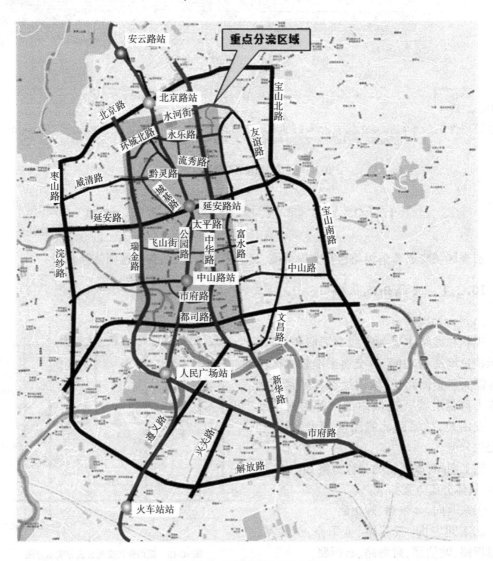

图 10-13 一环区域交通分流示意图

(2)城市区域交通分流

贵阳市环路系统跨度过大,距离过远,组团与组团间交通出行者路径选择仍偏向于穿越老城区。施工期间应在各组团主要干道与二环路交汇处提前设置分流诱导标识牌,组团与组团间过境交通应尽量避免穿越老城区,城市范围内的交通分流方案如图10-14所示。

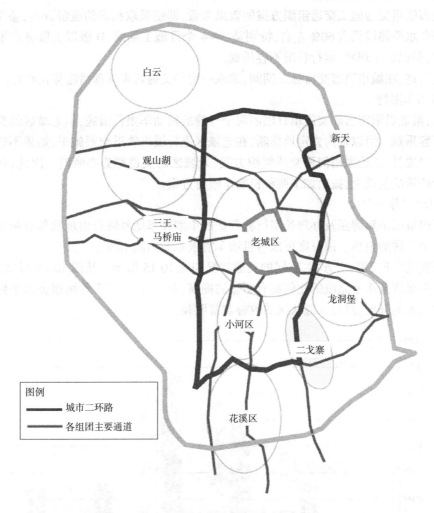

图10-14 城市范围内交通分流示意

10.2.2 交通需求管理策略

从贵阳市城市空间布局来看,"一城双核心"的发展目标现处于初级阶段,完善的配套功能设施仍高度聚集于老城区,其他组团对老城区配套功能依赖性较强,向心交通需求较大,使得老城区路网设施承担多种类型的交通需求。同时,老城区空间尺度较小,"点—线""线—面"的交通拥堵扩散较为迅速,可谓"牵一发而动全身"。

从路网供给水平来看,贵阳市现阶段已相继建成二环及三环快速路网体系,但受制于地形及路网不完善等因素,各组团内部与快速路网体系衔接不足(尤其是小河及花溪两个片区较为明显),组团间以及对外交通出行距离过远,出行者路径选择偏向于穿越老城区。老城路网密度严重偏低,级配严重不合理,支路路边停车及断头现象较为常态,主干道孤军奋战。

从停车设施供给来看,泊位供给严重不足,导致路内停车现象为常态,原本供给不足的路网体系变得愈发捉襟见肘。

从城市轨道交通施工交通组织方案的效果来看,即使采取相应的疏解方案,整个路网 D 级以下服务水平路段仍占 60% 左右,特别是 0~4 个月施工期间,D 级以上服务水平略优于未疏解前,但仍低于现状,运行状况不容乐观。

综上所述,在城市轨道交通施工期间,采取一定的交通需求管理措施势在必行。

1) 机动车限行

目前,虽然贵阳市已经实施单日限制两个号牌的机动车限行措施,但老城区的交通运行状况仍不容乐观。可以较为肯定地推断,在老城区进行城市轨道交通施工,如果不进一步限制机动车交通量,无论采用何种交通组织方案,老城区的交通都势必瘫痪。因此,在限行机动车限行政策的基础上,提出如下两种机动车限行方案。

(1) 开"二停一"

一环内贵阳市籍牌照及办理长期行驶登记的小型客车尾号限行由现状单日限制两个号牌变为三个号牌的情形。该方案可以将机动车需求总量削减 10%。

如果实施"开二停一"方案,路网的交通状况如图 10-15 所示。从图 10-15 可以看出,A、B、C 三个等级服务水平路段的比例都有明显的提高,而 D、E、F 三个等级服务水平路段的比例有较大幅度的降低,路网交通状况的改善非常明显。

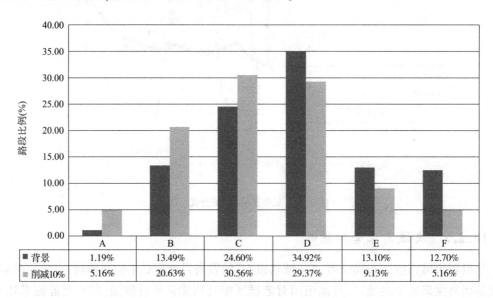

图 10-15　采取"开二停一"措施时不同服务水平路段比例变化

(2) 单双号限行

一环内贵阳市籍牌照及办理长期行驶登记的所有小型客车尾号限行由现状单日限行两个号牌变为五个号牌情形。该方案可以将机动车需求总量削减 30%。

如果实施"单双号限行"方案,路网的交通状况如图 10-16 所示。从图 10-16 可以看出,A 级路段的比例由施工前的 1.19% 升高至 14.68%,提高了 13.49 个百分点;B 级路段的比例由原来的 13.49% 增加至 44.44%,提高了 30.95 个百分点;C、D、E、F 四个等级服务水平路段的比例都有明显的降低。其中,F 级路段比例为 0.4%,表明老城区已经几乎没有非常拥堵的路段,整个路网交通状况的改善极其明显。

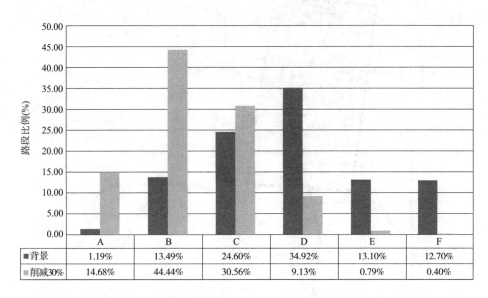

图 10-16　采取"单双号限行"措施时不同服务水平路段比例变化

2)停车管理

在老城区区域交通组织方案中,由北京路、瑞金路、都司路、中华路组成的围合区域是城市轨道交通施工期间需重点考虑的区域,无论是主干道、次干道还是支路,在施工期间都需承担不同类型的交通流。因此,为了保证施工期间各条道路发挥应有的交通功能,必须加强对相关道路的停车管理,如图 10-17 所示。

①在瑞金路、中华路、北京路、都司路围合区域内次支路早晚高峰期禁止停车,其余时段不限。

②对于禁止停车次支路,考虑到周边居住小区的停车需求,因环城路、合群路、公园路施工期间断交,可考虑在路段上设置停车位,但需保证沿线双车道通行条件,满足沿线出入需求。

③修订完善停车管理法规规章。加强停车泊位管理,整治停车秩序,加大对违法占道的停车处罚力度。

④制订老城区停车场资源共享办法,支持和引导党政机关、企事业单位和社区停车设施对外开放,错时停车。

⑤在环城路、合群路、公园路临近主干道围合区域周边次支路上,早晚高峰期禁止停车。

⑥城市轨道交通 2 号线和 1 号线施工期间,在早、晚高峰期间(7:00—9:00,16:30—19:30),严禁在沙河街、永乐路、城基路、龙泉巷、嘉禾路、嘉禾巷、福田巷、飞山街、省府西路、环城路、市府路停车。

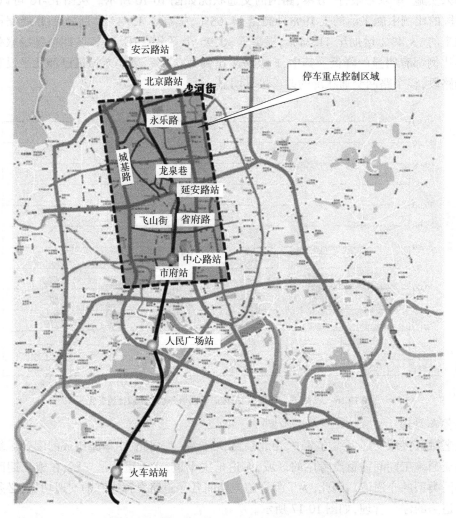

图 10-17 城市轨道交通施工沿线区域停车管控示意图

⑦城基路、龙泉巷、嘉禾路、嘉禾巷、福田巷全天路侧停车均需禁止。

城市轨道交通 1 和 2 号线同时施工期间路侧停车管理：在 1 号线停车管理的基础上，需取消威清路、黄金路、山林路及城基路的路侧停车。

3）公交强化策略

在城市轨道交通施工期间，老城区各条道路交通拥堵严重，为保证居民基本出行需求，需实现公交优先，在老城区设置公交通廊，在路侧设置公交专用道，建议设置"一环加十字"，即"一环"为贵阳市城市一环路，"十字"为东西向的延安路和南北向的中华路、遵义路，如图 10-18 所示。

在道路外侧设置公交专用道，社会车辆只可借道右转，以此保证公交的通行速度及效率，实现公交优先。结合城市轨道交通 2 号线站点施工影响路段，建议近期实施延安路（枣山路至宝山路）、枣山路、浣纱路（延安路至花果园立交）、宝山路（北京路至油榨街）、中华路（北京路至遵义路）、遵义路（中华路至火车站）。

第10章 贵阳市城市轨道交通2号线一期工程施工交通疏解策略

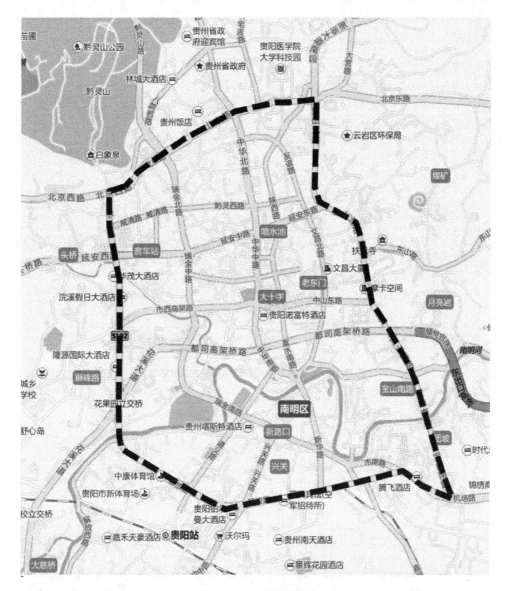

图 10-18 公交通廊规划图

10.2.3 公共交通调整方案

公共交通调整方案较多,下面反例举部分线路和站点。

1) 公交线路的调整

老城区单行后威清路上公交线路调整如下。

(1) 27 路公交线路调整方案

在城市轨道交通施工期间,建议将 27 路公交线路在威清路段去程往延安西路上调,回程不变,如图 10-19 所示。

(2) 31 路公交线路调整方案

31 路公交线路在威清路段去程调整至延安西路,回程不变,如图 10-20 所示。

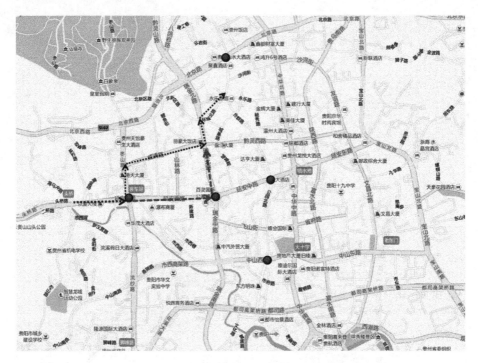

图 10-19　老城区 27 路公交线路调整方案示意图

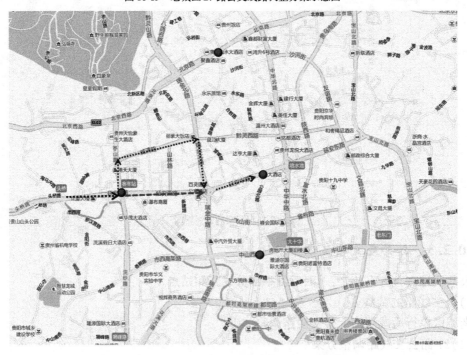

图 10-20　老城区 31 路公交线路调整方案示意图

(3)231 路公交线路调整方案

231 路公交线路头桥左转,绕行威清路至山路路终点站,调整为头桥直行,至山林路左转,绕行威清路和黄金路回原线路行驶,如图 10-21 所示。

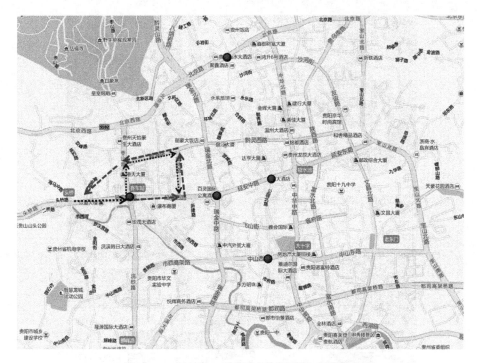

图 10-21　老城区 231 路公交车线路调整方案示意图

2）公交站点调整

公交站点调整主要涉及白云区和观山湖区，比如白云公安分局站和云环路口站（见图 10-22）、金阳医院站（见图 10-23）。

图 10-22　白云公安分局站和云环路口站调整方案

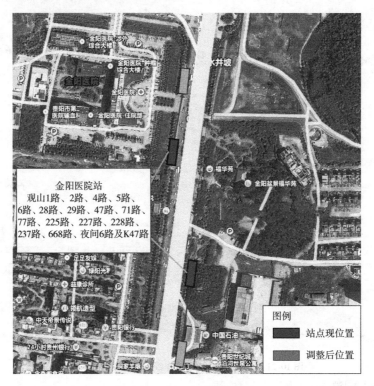

图 10-23　金阳医院站调整方案

10.3　与其他市政工程的协调

据了解,近期贵阳市老城区段除城市轨道交通 2 号线和 1 号线施工外,可能还有其他市政工程与之同步施工,如公园路改扩建工程、人防工程等。各型市政工程建设时序的不确定性给城市轨道施工期交通组织方案带来很大的风险。下面以人防工程与城市轨道交通同步施工为例,说明同步施工带来的风险。

10.3.1　人防工程概况

贵阳市老城核心区地下人防工程(一期)为:中华路和中山路,整体设计为地下两层,总建筑面积约 8 万 m^2。其中,中华路(都司路至喷水池)全长 1042m,实施宽度 26m,建筑面积约 6 万 m^2;中山路(富水路至公园路)全长 457m,实施宽度 16m,建筑面积约 2 万 m^2。

10.3.2　人防工程交通影响分析

人防工程第一阶段施工后,中华路将封闭,这会导致整个路网的流量和服务水平的改变,如图 10-24 所示。人防工程第一阶段的时候,贵阳市一环内的 E、F 级服务水平路段大幅增加,说明整个路网的服务水平在急剧下降。现状时期中华路承担了很大的机动车交通量分担任务,中华路的封闭使得中华路分担的车流量不得不寻找替代道路行驶,从而加重了整个路网上负担,造成整个路网的服务水平的严重下降,全城交通陷入瘫痪状态。

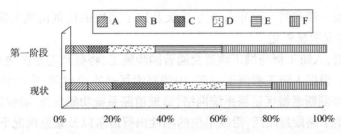

图 10-24 人防工程第一阶段施工后路网服务水平对比

由分配结果可见,中华路全线封闭施工将会对中心城区交通造成灾难性的影响,造成中心城区道路交通超出 40% 以上路段进入拥堵状态。尤其是喷水池和大十字两个主要路口同时封闭,几乎全面阻断东西向交通流向。

10.3.3 人防工程与城市轨道交通同步施工的交通影响分析

贵阳市老城核心区地下人防工程(一期)第一阶段和城市轨道交通施工同步进行,除造成公园路—合群路断交外,在施工的最初一个月还导致中华路(交界处—大南门段)、中山路(富水路—公园路)出现断交,给老城区交通带来较大的影响。根据人防工程(一阶段有 12 个月工期)和城市轨道交通建设的时间安排,划分为 0~1、1~2、2~4 和 4~12 个月四个阶段。

1) 0~1 个月交通影响分析

在 0~1 个月施工期,一方面城市轨道交通施工导致八鸽岩路与安云路断交、黔灵东路和延安路之间的合群路断交;另一方面人防工程施工导致中华路(西湖路—北京路)、中山路(富水路—公园路)断交。都司路、北京路、黔灵西路在与中华路形成节点处直行交通可通行,与中山路相交的公园路和富水路可通行。服务水平为 D 级及以上路段的比例由 49.2% 增加至 56.5%,尤其是 E 和 F 级路段的比例明显上升,都司路以北的瑞金路、富水路、宝山路和瑞金路与宝山路之间的北京路几乎都处于拥堵状态。

2) 1~2 个月交通影响分析

在 1~2 个月施工期,人防工程已经将开挖的道路修复,中华路(西湖路—北京路)、中山路(富水路—公园路)由 0~1 个月的完全断交状态基本恢复通车,只是车道数由原来的双向 8 车道变为双向 4 车道,通行能力也相应减少。城市轨道施工引起的八鸽岩路与安云路断交、黔灵东路和延安路之间的合群路断交仍然维持不变。服务水平为 D 级及以上路段的比例由施工前的 49.2% 增加至 54.0%,E 和 F 级路段的比例比仅有轨道施工时有一定升高。

3) 2~4 个月交通影响分析

在 2~4 个月施工期,人防工程对道路的影响是中华路(西湖路—北京路)和中山路(富水路—公园路)通行能力降低了 1/3。城市轨道交通施工将新增合群路在省府路至中山路以及中山路至都司路部分断交。服务水平为 D 级及以上路段的比例由施工前的 49.2% 增加至 55.2%,E 和 F 级路段的比例比仅有城市轨道交通施工时有明显升高。

4) 4~12 个月交通影响分析

在 4~12 个月施工期,城市轨道交通施工将新增北京路至沙河街的合群路完全断交,人防工程的影响和前一期相同。服务水平为 D 级及以上路段的比例由施工前的 49.2% 增加至 55.6%,交通状况明显恶化。

通过上述分析,人防工程与城市轨道交通若同步施工,将截断老城区两条南北向干道及一条东西向干道。根据人防工程施工方案,中华路沿线基本全封闭,中山路(公园路—富水路)路段全封闭,将割断老城区道路系统网络,造成道路系统功能丧失,沿线区域缺乏基本的交通组织条件。整个路段封闭后,沿线单位的刚性出行需求以及紧急情况下消防、救护等应急车辆无法通行。因此同步施工带来的影响不仅是交通问题,而且是严重的社会安全风险问题。因此,在城市轨道交通施工前 4 个月,一环内不建议安排任何一项市政工程与城市轨道交通施工同步开工;同时在城市轨道交通 0~26 个月施工期间,不建议安排大型市政工程(人防工程及公园路改扩建工程)与城市轨道交通同步施工。

参 考 文 献

[1] 中华人民共和国建设部. 城市公共交通分类标准[M]. 北京:中国建筑工业出版社,2007.
[2] 宋凯. 地铁施工阶段交通影响分析及交通组织研究[D]. 西安:长安大学,2013.
[3] 李喜华. 城市占道施工对路段交通影响的研究[D]. 北京:北京交通大学,2011.
[4] 雷星. 城市占道施工的交通影响与交通组织研究[D]. 重庆:重庆交通大学,2012.
[5] 唐敏. 城市轨道交通建设期间交通疏解问题研究[D]. 长沙:长沙理工大学,2011.
[6] 代振环. 城市轨道交通施工期间交通组织问题研究[D]. 兰州:兰州交通大学,2013.
[7] 张郭艳. 地铁施工对城市道路服务水平的影响[D]. 长安:长安大学,2008.
[8] 闫俊峰. 城市建设项目交通影响评价研究[D]. 长春:吉林大学,2012.
[9] 王炜. 交通规划[M]. 北京:人民交通出版社,2007.
[10] 全永燊. 城市交通控制[M]. 北京:人民交通出版社,1989.
[11] 陈春妹. 路网容量研究[D]. 北京:北京工业大学,2002.
[12] 魏凯. 城市道路占路施工区交通组织研究[D]. 天津:河北工业大学,2014.
[13] 谢鑫鑫. 城市轨道交通施工期间交通组织研究与分析[D]. 南京:东南大学,2015.
[14] 黄静娟. 大型市政工程施工期交通组织研究[D]. 成都:西南交通大学,2008.
[15] 朱顺应. 城市交通需求管理基础理论研究[D]. 南京:东南大学,1996.
[16] 江薇. 城市交通需求管理策略及其评价技术研究[D]. 南京:东南大学,2004.
[17] 宋凯. 地铁施工阶段交通影响分析及交通组织研究[D]. 西安:长安大学,2013.
[18] 魏凯. 城市道路占路施工区交通组织研究[D]. 天津:河北工业大学,2014.
[19] 曲秋莳. 城市占道施工区交通组织方案优化及仿真评价[D]. 北京:北京交通大学,2010.